「気になる子」が変わるとき

困難をかかえる子どもの発達と保育

木下孝司
Kinoshita Takashi

かもがわ出版

「気になる子」が変わるとき

——困難をかかえる子どもの発達と保育

◎もくじ

装幀・菅田　亮
イラスト・田中せいこ
装画

プロローグ―「気になる子」の保育で悩んだときに

■保育で悩むとき

とある発達相談の場面でのこと。3歳児のりおくん（仮称）の担任は、ご自身の保育の仕方で悩んでいました。りおくんは、自分の気に入らないことがあると、ひっくり返ってわめきちらします。しかも、ホールに行く順番が一番ではなかったなど、パニックを起こす原因がささいなことなのです。友だちにもすぐに手が出てしまい、「りおくんがたたいた」というクラスの子どもたちの訴えが、毎日のように聞こえてきます。新入園児も迎えた新学期、ただでさえ落ち着きのなさが漂うクラスに、ピリピリしたムードが広がります。

りおくんは、自分に向けられたものではないのに、「だめだよ」など否定的なことばが耳に入ってくるだけで、行動が荒れたといいます。そんな状態を前に、担任の先生はりおくんにできるだけ肯定的な態度で接しようと、ほめることを心がけます。でも、せっかくほめことばをかけようとしても、パニックがエスカレートすることもあったようです。

「叱っても、ほめてもだめなんです！」。先生はひとしきり、りおくんの状況を話した後で、保育の糸口がつかめないしんどさをこのようにぽつりとつぶやいたのでした。

■保育や子育てで悩むのは当然

保育や子育てのことで悩むのは悪いことではありません。子どもの笑顔を増やしたい、すてきな保育・子育てをしたいと願うからこそ、悩むのです。そうした悩みの背後には、子どもに対する誠実な思いが隠されていると思います。

ただ、子どものことで悩む際、「良い悩み方」と「悪い悩み方」というものがあるように思います。一人悶々《もんもん》としながら、子どもの困った姿を堂々巡り的に思い返す。あるいは、ふと気づくと、保育会議で「困った行動」をいかに規制するのかだけが話し合われ、保育者の顔から笑顔が消えてしまう。いずれも、なかなか明日からの展望が見いだしにくい、「悪い悩み方」に当たるといえます。

本書では、りおくんのように、保育者が指導のあり方に悩む子どもや、障害[1]のある子どもを念頭に置いて、子ども理解において大切にしたいことや、保育を考えるうえでヒントとなる発達的視点について考えていきます。また、こんなところに目をつけて考えたり、保育者なかまとおしゃべりすると、「良い悩み方」ができるのではないかなと思うことを、私自身、保育現場で学んだことにふれながら、お伝えしたいと思います。

■先人のねがいに思いを馳せて

さて、今から四〇年ほど前、障害のある子どもの通うべき学校・学級が長い間未整備であったため、多くの子どもたちが在宅を余儀なくさせられた時代がありました。就学前段

1　「障害」ということばは、「障がい」や「障碍」と表記されることが増えてきました。その理由の一つに、障害児者が「害」をもつかのように誤解を招くからという意見がありま す。私はその用語変更の趣旨に賛同しつつも、単純にことばの置き換えで終わらせず、さらに議論を重ねる必

階ではさらに門戸は閉ざされており、障害のある子どものうち保育が受けられたのは、全国的にみてほんの一部だったのでした。

　保育や教育を受けることができなかった子どもたちは、子ども時代にふさわしいあそびやなかまとの活動を享受することがないなかで、おうちの窓ガラスを壊したり、激しい自傷行動を示したりと、今日では考えられないような「問題行動」を頻繁《ひんぱん》に繰り返しています。今から考えると信じられないことですが、そうした「問題行動」は障害のある子にしばしば見られる特徴だと考えられていたのです。

　一九六〇年代から七〇年代にかけて、障害児の教育権保障運動が全国に広がり、子どもたちの通う学校の公的整備が進みます。それと歩調を合わせて、一部の先進的自治体の取り組みであった障害児保育の制度も少しずつ整ってきます。その結果、障害の特徴とされていた「問題行動」が見られなくなったり軽減したりする事実を、関係者は目の当たりにしました。人生の早い時期から、適切な保育や教育を受けることで、どの子も必ず発達するという実践的な確信に後押しされて、七〇年代以降、障害児保育は広がってきたのです。

■まだ課題のある障害児保育・療育

　現在、障害のある多くの子どもが、保育園や幼稚園に通っています。また、児童福祉法において発達支援事業が新設され、新たに療育を受ける場は増えています。さらに、以前であれば「親のしつけの問題」とされた、育ちにくさや育てにくさをかかえた子どもに光

要があると考えています。「障害」は、固定的な特性ではなく、個人の発達を妨害するものとして社会の側にあり、私たちは社会的な障害を取り除く努力を続けたいと思います。また、さまざまな「障害」をもちながらも、子どもはそれを乗り越えて、新たな自分をつくろうと発達していきます。こうした理解に基づきながら、本書では「障害」という表記を用いています。

が当てられ、いわゆる発達障害の研究と支援も進んできています。町の本屋さんに行けば、「気になる子」や発達障害児の支援に関わる本は数多くあり、研修会も各地で開催されています。あるいはインターネットの普及で、発達障害に関連した情報は（信憑性《しんぴょうせい》の怪しいものも含めて）簡単に手に入るようになりました。子ども一人ひとりの特別なニーズをとらえて教育を進める特別支援教育という概念も、少しずつ定着しています。

この三〇年の間で、生きにくさをかかえる子どもを支える仕組みや、支援に必要な情報提供は大きく前進しているといっていいでしょう。

しかしながら、子どもの発達保障という観点からみれば、制度上の改善すべき課題はまだ多くあります。特別な支援を要する乳幼児が通う場が増えたとはいっても、自治体による格差はあり、その差は拡大しつつあります。また、急速に増加している発達支援事業など新たに創設された取り組みは、基本的に、「商品」としての保育や療育を保護者が買う発想で制度設計がなされ、利益追求によって保育の質の低下が危惧されています。結果、子どもの発達に必要な基準が十分に保障されないまま、実践がなされている事例も指摘されてきています。

■近頃の「特別支援」に関わって気になること

こうした制度設計の問題と密接な関連をもちながら、最近の「特別支援」の中身について気になることがあります。

本屋で「気になる子」への対応本を見ますと、りおくんのように、パニックや友だちとのトラブルを起こしやすい場合、あらかじめルールを確認して、自分がイヤなことがあったらそれを伝えるスキルを教える、それらがうまくいけばほめて自己肯定感を高める、などといったことが書かれています。それ以外にも、日課を写真で提示したり、指示は簡単にしてわかりやすい働きかけをするなど、その子の特性に応じた関わり方について、いろいろなヒントが心理学や医学の専門家によって提供されています。

情報をうまく整理して理解できないなど、生きにくさをもつ子どもに対して、そうした関わり方を配慮するのは大切だと思います。ただ、二つの点で留意すべき事柄があるように私は思います。

一つは発達論に関するものです。子ども自身のねがいや悩みを想像して共感することを抜きにして、「〇〇という（障害）特性をもつ子どもには、…という方法で関わればよい」とマニュアル的な技術論になってしまうと、話がいつの間にか、子どもをいかにコントロールするのかという方向に向かってしまいます。そこには、子どもが無我夢中に遊び、活動して、自ら内面を耕していくという発達の視点が欠落する危険性があります。

二つ目が保育論と呼びうるものです。指示のわかりやすさなどを考えることは必要なことですが、それはあくまでも、生活づくりや教材提示の「配慮と工夫」の域を出るものではありません。障害児や「気になる子」に関する専門的知見というと、どうしても心理学や医学の話となり、どんな生活やあそびを保育者が構想し、子どもにどんな文化や集団と出会ってほしいのかという保育の専門性に話が及ばないのは残念です。とりわけ、子どもたちがなかまとの生活を通して発達している事実は、もっと注目されるべきだと思います。

本書では、まず前者の発達論に関わって、子ども理解のための視点や職場内での討論のあり方について考えてみたいと思います（1章）。続いて、子ども理解を深めていくための発達的視点について、基本的な事項を紹介します（2章）。そのことで、子どものねがいや悩みに少しでも近づき、「困った行動をする気になる子ども」という理解から、子どものことが愛《いと》おしく思えるチャンスが広がればと願っています。

後者の保育論に関しては、私自身が直接ないしは間接に出会った、保育園・幼稚園、療育施設でのすてきな実践を紹介しながら、（私のような野暮な心理学研究者ではできない実践にあこがれつつ）特別支援を「保育」として発想することについて考えてみたいと思います（3章）。最後に、困難をかかえる子どもが発達していくために、保育者、保護者などおとな同士がつながっていくことの大切さにもふれてみたいと思います（4章）。

結論を少し先取りしますと、障害児や「気になる子」の保育を通して、普段の保育で大切にしたいことをより徹底して、保育がバージョンアップできる。そのとき、「気になる子」が変わっていく。そんなお話ができればと思います。

第1章

子どもの見方が変わるとき
――子ども理解の目のつけどころ

1．なぜ子ども理解なのか？

■「気になる子」ってどんな子ども？

最近、よく見聞きする「気になる子」ってどんな子どもなのでしょうか。なかなか定義もむずかしいことばなのですが、すっかり実践現場では定着しています。でも一方で、「気になる子」という認識の仕方は、少しばかり注意をしておきたい部分を含んでいます。あらためて「気になる子」について考えて、子ども理解を深めることの大切さについて述べておきたいと思います。

■「気になる子」は増えている？

さて、「気になる子」という表現をよく聞くようになったのは、個人的には一九九〇年代後半だったように思います[1]。その頃、保育園において、障害児保育の対象となっている子どもの相談を終えた後、「実は、別の〇〇ちゃんのことの方が気になって…」などと、「障害児認定」をされていない子どもの相談が多くなってきました。その「気になる子」のなかには、今で言う「発達障害」の子どもたちも含まれていたと思いますが、明確にそうした障害に由来するのではない、さまざまな困難をかかえた子どもたちが多くいたのではないかと思います。

1　国立情報学研究所のCiNiiというデータベースで、「気になる子」がタイトルに入った学術雑誌の論文・記事を検索したところ、一九九〇年代前半五年間で数件だったのが、一九九〇年代後半五年間で三〇件台、二〇〇〇年代に入ると毎年平均二〇～三五件の論文・記事が公刊されています（木下、２０１４）。この事実だけで、「気になる子」が増えているとは断言できま

では、「発達障害」の子どもは増えているのか。このことは慎重に考えるべき問題です。診断基準が明確になり、またこの障害が多くの人に知られることになって、診断を受ける子どもは増えています。ただ、脳の働きに問題をもつ障害が短期間に増加するとは考えにくく、「発達障害」というラベリングの効果は大きいでしょう。他方で、何らかの困難をかかえている子どもたちを、よりいっそう生きにくくさせている社会や地域の変化があるのは確かです。子どもが子どもらしく過ごすことを見守る社会全体の許容度は、社会の構造的な変容とともに低くなっているように思います。

そうした変化は、すべての子どもにも影響を及ぼして、発達の土壌をしっかりと耕すことがむずかしくなっているが、「気になる子」を増やしている要因の一つではないかと私は推察しています。

■「気になる」ことの内容は？

保育園と幼稚園の保育者に「あなたにとって『気になる子』とはどんな子どもですか」と自由記述してもらった調査[2]があります。そのなかで、五八五名の保育者が（複数回答を含めて）一四〇九件にも及ぶ「気になる」内容を記述して、次のようなカテゴリーに整理されています（誌面の都合でキーワードを列挙しますが、どんな子かを思い巡らして、お目通しください）。

①発達上の問題（発達の遅れ、言語発達の遅れ、こだわりなど特異な行動など）

せんが、実践現場からの切実な問題提起を受けとめた結果が、こうした研究の増加につながったのでしょう。

木下孝司（2014）「気になる子」の保育で悩んだときに立ち返りたい発達の視点　幼稚園じほう、41(11)、12-18.

2　久保山茂樹他（2009）「気になる子ども」「気になる保護者」についての保育者の意識と対応に関する調査　国立特別支援教育総合研究所研究紀要、36、55-75.

この調査では、人口規模40万人台の市において、公私立の全保育園と全幼稚園を対象に調査し、保育園三九八名、幼稚園一八七名が回答しています。

②コミュニケーション（発音が不明瞭、目が合わない、コミュニケーションが成立しないなど）
③落ち着きがない
④乱暴（つねる、ける、かみつく、口調が悪いなど）
⑤情緒面での問題（感情のコントロールができない、かんしゃく、執拗《しつよう》に担任を求めるなど）
⑥しようとしない（無気力、表現が乏しい、自分を出しにくい）
⑦集団への参加（集団活動が苦手など）
⑧その他（排泄の自立困難、偏食、家庭環境や保護者が気になる、アレルギーなど）。

カッコ内の具体的内容は論文中に要約されたものをさらに抜粋したものです。きっと、もとの調査票には、回答した保育者が日頃の悩みを思い返しながら、さまざまな「気になる子」像をしたためていたと思います。それは皆さんの実感と重なる内容だと思いますが、あらためて「気になる」内容が多種多様であることにも気づかされます。

■「気になる」と思う保育者のねがい

これまで「気になる子」のことを聞かせていただいた保育者のお話しぶりから、私は次のような思いをいだいています。

「子どもの発達を願う多くの保育者が、子ども自身の生きにくさから生じる事実にいち

「気になる」と思う保育者のねがい

早く気づき、戸惑ったり悩んだりしながら、子どもと向かい合おうとするときに、『この子のことが気になるのです』と語られるのでは…」

毎日、園に通って、ホントに世の中にはおもしろいことがたくさんあるなあ、友だちと遊ぶのはたのしいなあ、ぼく・わたしってすてきでしょ…などと感じ、「また明日が早く来ないかな」と思いつつ帰宅する。そんな日々を子どもたちに過ごしてもらいたいと願うからこそ、それがうまくできていない子どもが「気になる」のではないでしょうか。

つまり、保育者がその子にとってすてきな毎日が過ごせていないと感じ、その子どもたちが発達していくことを願う保育者の気持ちが込められた、保育実践に根ざしたことばとして、広く「気になる子」を受けとめたいと思います。

■「気になる子」が変わるとき—最初のきっかけ

しかしながら、いつまでも「気になる子」というとらえのままでは、実践は前に進んでいきません。子どもの姿に「気になる」ものを感じるのは、あくまでも子ども理解や保育を見直す一つのきっかけです。「気になる子」という認識から、「〜というねがいをもつが、…で困っている子」などと、子どもの理解を深めていくことが大切な一歩となります。

「『気になる子』が変わるとき」って、いつなのか？

それは、保育者の「気になる子」という認識が、その子のねがいや悩みに関わる具体的な内容に深化するとき、ということになるでしょう。もちろん、それは最初のきっかけですから、さらに保育の工夫や見直しが不可欠ではあります。ただ、なんだか「気になる」状態から、子どものねがいや悩みを「気にかける」状態に保育者が変われば、少しなりとも心の余裕が生まれるはずです。

■なぜ子ども理解なのか？

そこで、「『気になる子』を気にしないように」などと、心構えの話で終えてはならないと思います。

子どもたちのねがいや悩みに近づくプロセスは、行きつ戻りつの連続ですが、子どもが何を感じどう思っているのかを想像するため、大切なポイントはあります。発達相談員や心理専門職は子ども理解のために心理学的なツールを用いますが、保育実践現場に身を置く保育者の皆さんも日々子どもを理解する営みを継続されています。その内容をちょっとばかり自覚的に掘り下げて、目のつけどころや話し合いのポイントを絞ってみるだけでも、子どもに関して新たな発見があるはずです。

先に「気になる子」という表現の背後には、子どもの発達への保育者のねがいがあると述べました。しかしながら、ときに、保育の条件や環境が厳しいと、管理的なまなざしで子どもを見て、私たちおとなが「気になる子」をつくり出してしまうことがあります。「こちらの予定通り動いてくれない」「トラブルで活動を中断させる」「集団を壊す」など「気になる」事態は、おとなの管理上の都合が優先された結果、生じていることかもしれません。そして、そんな事態の背景には、すし詰め状態の保育室があったり、活動場所が限定されていたりするなど保育環境の悪化が潜んでいることも少なくありません。すなわち、それらはいずれも、子どもの問題ではなく、おとなの側の問題なのです。

そんな現実を思い返して、おとなの都合による視野狭窄《きょうさく》を避けるためにこそ、子ども理解を深めて、子どものねがいや悩みにたち返ってみたいのです。

2．子どもの見方が変わると保育が変わる

■「乱暴な」りおくん

「プロローグ」の冒頭で紹介した（五ページ）、りおくんについて、担任の先生が記した主訴（困っていること）を事前に拝見すると、「乱暴、パニック、他害」などということばが目に飛び込んできました。先生との面談でも、しょっちゅう乱暴な行動をする子どもとして、りおくんは園内でとらえられていることが伝わってきました。物を投げたりドアをたたいたりすることで、勢いあまって、ほかの子どもが傷つく危険もあるので、彼の動きに注意して、安全確保のための手立てを打つことはやむを得ないことだったと思いま

す。

ただ、それだけではりおくんも含めたクラス集団を育てることにはならないと、先生方は感じていました。でも、彼のことで話し合いをすると、どうしても乱暴な行動をいかにやめさせるのかということが中心になってしまいます。彼のねがいや悩みを考えるヒントはどこにあるのでしょうか。

■おとな目線と子ども目線の違いに気づく

「そんなちょっとしたことで、いちいち怒らないの!」

りおくんに限らず、こんなことばをかけられている子どもは多いと思います。りおくんの場合では、クラスの部屋からホールに行くのが一番ではなかったという、ささいなことがパニックの原因となっていました。

確かに、私たちおとなにとっては、ホールに一番先に行くかどうかなど、ささいなどうでもいいことです。しかしながら、りおくんにとっては「ささいなことではない」からこそ、これほどまでに大暴れするのではないでしょうか。おとなにとっての常識や基準にあわない行動は、概して「困った行動」と見なされる可能性がありますが、そこには子ども独自の理由が隠されていることが多々あります。少しおとな目線をカッコにくくって保留して、その子なりに見えたり感じたりしている世界を想像してみることで、子ども理解を深めるヒントが得られると思います。

■発達理解は子どもの内面世界を想像するための手がかり

そのヒントは生活のいろいろなところに隠されていますが、今回は、私が直接、彼と向かい合った発達相談での検査場面から考えてみたいと思います[3]。

その前に、発達理解ということについて少しだけ補足したいと思います（さらに詳しくは2章でふれます）。発達理解というと、発達検査を通して子どもの発達年齢を出すことと思われることがあります。いろいろな課題を実施して、「できる—できない」という基準で判断して、「この子は、3歳くらいの発達」などということが言われます。そうした理解は、保育のねらいや教材を考える目安としての意味はあるかもしれません。

ただ、それだけですと、それぞれの年齢段階なりの、あるいはその子なりの心の動きを想像する材料にはなりにくいと思います。たとえば、目の前の感覚の世界で生活していた時期から、1歳すぎに、めあてやイメージを心にもって活動しはじめ、できることやわかることが、このうえもない喜びと感じられる時期があります。1歳児さんが、お散歩の途中で、バスを発見しては「バス！」と歓喜して叫び、あるいは給食のとき、保育者のお手伝いを拒否して「ジブンで」とスプーンを使おうとする。そんな姿の背後にある、子どもたちの心の動きをキャッチすることが、発達理解の基本だと思います。

子どもに共感する。よく言われることですが、なかなかむずかしいですね。1歳児の例でいえば、すでにイメージをもって活動することができている私たちにとって、人生初のイメージの世界がもたらす驚きはけっこう想像しがたいものです。だからこそ、子どもの

3　発達検査の成り立ちや限界、そこから算出される数字の意味、さらには各年齢段階の発達的特徴については以下の文献を参照してください。

白石正久・白石恵理子編（2009）教育と保育のための発達診断　全障研出版部．

ここで述べた発達理解のために、発達検査の実施においても、「できる—できない」だけではなく、反応プロセスをていねいにとらえ、発達の芽を読み取ることが重要になります。

発達について学び、それを単なる知識としてではなく、新たな世界と出会う子どもの内面を想像する手がかりとしたいと思います。

■自分の「作品」を愛おしく見入る

さて、りおくんは、当初、積み木を使った課題になかなか手が出ませんでした。全体に細かな操作をするのは苦手なようですが、私が積み木を積み上げてから、積み木を一個渡すと、その上にのせてくれました。ところが、私が拍手をしながら「やった！　じょうずだね」とやや大げさにほめると、せっかくできた積み木の塔をバタンと壊してしまいました。

しばらくして、同じように促すと、積んでくれたものですから、今度はそっと小声で「できたねぇ」と伝えると、自分で積んだ積み木をじっと見ました。

その後、図1のような「門の模倣」と呼ばれる課題を私が作るところを見せて誘いますが、二つの塔を作るような結果となり、やはり最後は壊してしまいます。そこで、作る手順を一つひとつ区切って、りおくんのペースにあわせていっしょにやっていくと（これは正規の手続きではありません）、完成することができました。印象的だったのは、机に顔を寄せて、自分の作った「作品」（こう呼びたくなる彼のまなざし）をじっ

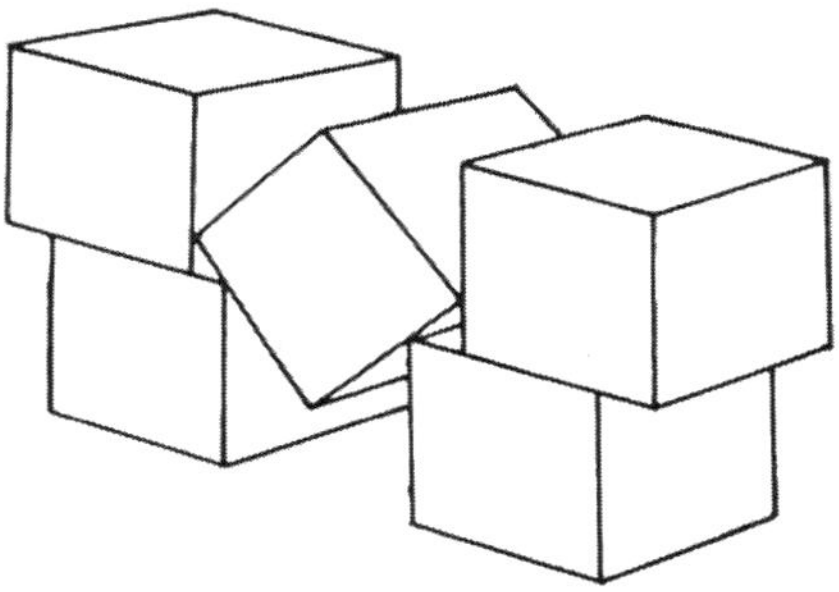

生澤雅夫他編（2002）新版K式発達検査二〇〇一実施手引書　京都国際社会福祉センター．

図1　門の模倣課題

と見入るようすがあったことです。そこで、私が「かっこいいね」と言うと、ほんの少しですが微笑んでくれました。その後、お絵かき課題を行ったあと、脇に置いてあった積み木を取り出して、今度は自分一人で「門」を作って、それをじっと眺めているのでした。

■自分への手応えを感じること

一つの課題だけで、子どもを理解できるものではありません。いろいろな課題の達成状況と日常生活場面と重ねながら、子どもの心の動きを読み解いていく必要があります。

　このときの発達相談において、担任の先生の琴線にふれたのが、りおくんが自分の作ったものを愛おしそうに見入る姿でした。先生とその姿について話し合い、自分に対して手《て》応《ごた》えを感じている姿ではないかと考えました。あわせて、日々の生活のなかで、彼が手応えを感じている場面が少ないかもしれない、という可能性も浮上しました。また、「門の模倣」で、手順をていねいに示してわかりやすくすると、課題に向かう姿勢が強まったことから、本人が手応えを感じるのに必要な支えがありそうなことも見えてきました。

　園内のケース会議でさらに普段のようすを出し合って、りおくんのねがいや悩みを考える時間が取られました。その結果、りおくんは「手応えを感じたいけど、その機会が少ない」子どもではないかということが確認されました。そして、自分への手応えを感じる経験の少なさが、ちょっとした失敗や思い通りにいかないことに対して、気持ちの切り替えにくさをもたらしているのかもしれないと、先生方はとらえ直すことになります。

■子どもの見方が変わると…

「乱暴な子ども」という見方から、「手応えを感じたいけど、その機会が少ない」という見方に立ったとき、園のなかで保育を考える潮目が変わったといいます。暴力やパニックといった行動を減らす方向での対応から、手応えを感じられる行動を増やすための手立てを考えることが増えたそうです。今現在、彼のしているあそびや活動のなかで、より手応えを感じるものはないか、彼にとって「わかる」活動にするにはどうしたらいいのかなど前向きの検討が始まり、給食の際のワゴン押しなど、クラスのなかでの彼の出番が次第に増えていきました。

すると、「やったね」「おもしろかったね」と共感しあえる場面が着実に増えた印象を、担任は強めていきます。思えば、その先生は、当初ほめてもうまくいかないとため息をついていました（五ページ）。本人が手応えを感じる活動が用意されないまま、ことばだけでほめても、りおくんに響くものはなかったのでしょう。「ほめることで、自己肯定感を高める」とよく言われることですが、子ども自身が賞賛に値すると思える活動を実践的に用意する工夫があってこそ、保育者からのことばが子どもの内面に届くのだと思います。

■見方を変えるきっかけは日々の実践にある

「子どもの見方を変えるって、どうすればいいの?」と当然、疑問も出てくるでしょう。「見方を変えるぞ!」と一人力んでも、視点の転換は起こるものではありません。今回のように発達相談などの外部との連携が、そのきっかけとなることもあるでしょう。ただ、それ以上に、同僚同士でおしゃべりすることで、あるいは事例を検討する職場内の話し合いにおいてちょっとした工夫をすることで、子どもの見方を転換するきっかけが得られると思います。

次に、その工夫のなかみについてみていきましょう。

3. 子どもの事実・実態をふり返って見えるもの

■わざと悪いことをするそうくん

前項では、「子どもの見方が変わると保育が変わる」というお話をしました。ここでは、子どもの見方をとらえ直すための工夫について考えてみましょう。

そうくん(仮称)は、赤ちゃん時代、愛くるしい表情でまわりをなごませる存在でした。

ダウン症の彼は、全体に発達はゆっくりペースで、当初、食事や着替えなど先生の手助けが必要な状態が続きました[4]。

2歳児クラスになって、3歳のお誕生日を迎えようとする頃、生活のいろいろなことを自分でやりたいという思いが強くなってきました。先生たちは、そうくんが「生活の主人公」になろうとしていると受けとめ、大変喜びました。ところが、「困った行動」も増えてきました。おとなに叱られるような悪いことをわざとするのです。特に、給食の最中にスプーンや食器を投げることが頻繁に見られました。

負のスパイラルなどということばを聞かれたことがあると思いますが、先生の語気が強まれば強まるほど、彼の投げるスプーンはさらに遠くに飛ぶのでした。こんなときが要注意です。厳しく叱れば、そう

4　ダウン症は、イギリスの医師ダウン（Down, J.L.H.）が最初に症例報告した染色体異常による症候群。運動や認識などの領域で全般的に発達の遅れ（個人差はあります）がみられ、心疾患などの医学的課題をもつ子どもも多く、その場合、医療機関との連携は必要です。本書で取り上げる障害の内容については、次の本も参照してください。なお、そうくんの事例は、複数の子どもの例に基づいた仮想のものです。
　近藤直子・白石正久・中村尚子編（2013）保育者のためのテキスト障害児保育　全障研出版部.

した「困った行動」は収まるという考えが優勢になりやすく、指導方針をめぐって指導者同士の対立が生まれやすくなります。

■「困った行動」の背後にある理由

きつく叱ると、「困った行動」がやむように見えることもあるかもしれません。しかしながら、じきに「困った行動」は再び出現したり、別の形で現れたりするでしょう。子どもの思いや悩みをくぐらないで、おとなの都合で対症療法的に行動を抑えつけても問題は解決しません。

おとなには「困った行動」と見えているものを、子ども目線で見ると、それなりの理由と子どものねがいや悩みが隠されています。ただ、残念ながら、子どもはその理由を整理して語ってくれません。そこで、子どもの姿やしぐさから、子どもの内面で起こっていることを読み解き、「困った行動」の理由を想像する必要があるのです。

■子どもの事実・実態から出発する

「そうくんは、なぜスプーンを投げるのか?」

その理由を知り、子どもに対する私たちの見方を変えていきたいところです。しかし実際には、「おとなの気を引いているのかな」「食べるのがイヤなのかな」などと、いろいろな可能性は出されつつも、いきなり核心に迫るのはむずかしく、何とか工面してつくった会議の時間も結論が出ないまま終わっていく、ということも多いのではないでしょうか。

そこで、子どもの見方を深めるための一つ目のポイント。「なぜ」を問う前に、あるいは「なぜ」を問うために、まずは事実や実態を詳細に確認すること。具体的には、できれば担任以外の人も含めて、「困った行動」が起こりやすいときやその前後の文脈をふり返り、事実を確認することです。たとえば、次のように問うてみます。

「そうくんは、いつ、どんなときにスプーンを投げるのか？」

「そりゃ、給食のときでしょ」では答えになりません。もっと詳細に見ていくと、彼は「いただきます」をしてすぐにスプーンを放っていたわけではありませんでした。ていねいに思い返したり、あらためて注意して見てみると、クラスの友だちがおかわりをしたあとで、スプーンを放る頻度が増えている事実がわかってきました。

すると、「そうくんは、なぜスプーンを投げるのか」という最初の問いは、「そうくんは、友だちがおかわりをするとき、なぜスプーンを投げるのか」と絞られたものとなります。最初の問いは事実が正確に押さえられていなかったため、さまざまな可能性を列挙するのに留まり、そうくんのねがいに迫りきれませんでした。他方、スプーンを投げるタイミングについて情報を集めてみることで、可能性が絞られて、「困った行動」の彼なりの理由＝ねがいと悩み（たとえば、友だちがスプーンを上手に使い、おかわりをする姿にあこがれながらも、それがうまくできない自分への歯がゆさ）に一歩近づけるように思います。

■行動が気にならない場面にヒントがある！

二つ目のポイントは、事実・実態を確認する際、「困った行動」が見られない場面にも注目してみることです。子どもの「困った行動」が気になり始めると、つい「いつも友だちをたたいている」とか「しょっちゅうパニックを起こしている」と、「困った行動」ばかりしていると見てしまうことがあります。でも、日々の生活を見返してみると、いつも「困った行動」をしているわけではないはずです。

そうくんも、スプーンを投げないで給食を食べられることがありました。そんなとき、「なんだか今日は調子良かったね」という一言で終わらせてはもったいない、というもの。ちょっと立ち止まって、あるいは後でふり返ってみると、次のような保育トークができることでしょう。

「今日、そうくん、スプーンを投げないで、しっかり食べられたね」「そうそう。今日の食材はすくって食べやすいものだったよね」「それとね、午前中はそうくんの好きなあそびをたっぷり楽しめたの。満足しきったものだから、お片づけから給食の用意まで自分からやって、『ありがとう』と伝えたら、すごくいい表情だったわ」

このように、「困った行動」が気にならなかった場面を取り上げて、そのときやその前にどんな活動をしていたのか、あるいはどんな働きかけをしたのかをふり返ってみます。すると、子どもが「困った行動」に向かわないで、生活やあそびの主人公になり、より前向きな姿が発揮できる活動や条件が必ずみえてきます。その内容には、次の日の保育で

スプーンを投げないで食べられた日をふり返ってみると…
どろんこあそび
給食の用意
そうそう
そういえば

さっそく取り入れたり、工夫したりするためのヒント（前記の例だと、食材の提供の仕方、午前中の活動の組み立ての工夫など）が満載です。

■悩んだときは、今できていることから出発する

さて、こうした目のつけどころを意識してみると、職場内での話し合いが「困った行動」をやめさせるための議論から、気にならない行動を増やす方向に流れが変わります。「気になる子」の事例検討をしていると、「あれも課題、これも課題…。いろいろがんばらないと…」と暗く沈みがちですが、行動が気にならない場面に目を向けると、子どものポジティブな側面に着目したエピソードがふくらんでいきます。「好きなあそびをしているときは、道具を放らないね。そうそう、この間も砂場で遊んでいるとき、かなり集中して遊び込んでたね」「そういえば、いつもよりたっぷり遊んだあとって、顔がすっきりしてるね」などと、連鎖的に楽しい話が続きます（保育者の皆さんのポケットにはそうした話がたくさんおさまっていることに、いつも感動しています）。

ここで特に強調しておきたいのは、それらの事実はその実践現場ですでにできていること、ということです。保育に行き詰まり悩み深い時期、新たに特別なことはできない心境になるのではないでしょうか。そんなとき、すでに自分たちが実践しているなかに、たくさんのヒントがあると確信できることは、きっと安心材料になるでしょう。

また、子どもの行動が気にならない場面に着目して、実践の手がかりを得る発想は、保

護者の方々とも共有したいものです。ともすると、「困った行動」をしつけることが子育ての中心になりやすいからこそ、「困った行動」をしていない姿から出発して、子どもにとって楽しい活動を増やすことを、保護者とともに目指したいと思います。

■子ども理解の「お手軽な」方法はない

ご紹介したポイントは、「困った行動」に目を奪われ見落とされがちな事実を、丹念にふり返るための整理法のようなものです。それですぐに子どものねがいや悩みが理解できるといった「お手軽な」方法ではありません。子どもの内面を理解し共感する道のりは試行錯誤の連続ですし、そこには子どものことを誤解していた自分への反省も含まれるでしょう。「なんでこんなことをするのか」「どうして自分の思いが通じないのか」という悩みは、尽きないと思います。それを少しでも「良い悩み方」（六ページ）ができるようなヒントとして、以上の内容を受けとめていただければと思います。

また、そのための一次資料となる子どもの事実・実態は、担任、他のクラスの先生、主任や園長、事務室や給食室の先生など全職員、ならびに保護者の複数の目で確認したいものです。子どもの見せる姿が場面ごとに変わり、そこにも子ども理解のヒントがあるからです。ただ、話し合いが持ちにくい職場もあるかもしれません。そんなときはまずは、ここで述べた視点で、気づいたことを少しずつメモしてみてください（「記録するぞ」と構えずに、場合によっては日誌やお便りとかねて）。ときどき、メモを読み返すと、「良い悩み方」に近づけ、きっと「子ども再発見」があるはずです。そして、いっしょに組んでいる同僚やその他職場の方に、子どもの事実を是非ともおしゃべりしてみてください。

4．生きにくさの背後にあるねがい

■ひと夏のプールを通して変化する子ども

夏と言えば、プール。多くの保育園・幼稚園、療育施設では、プールを使ったさまざまな活動が展開されていることでしょう。火照《ほて》った身体をプールで冷ます。水中に寝転がって、ふんわりと水に身を任せる。いずれも心地よさをしっかり感じる活動です。あるいは、たっぷりある水といろいろな道具を使って、心ゆくまでできる水あそび。そこには少しずつ、めあてを意識した活動が広がります。もちろん、ワニやオバケに挑戦して、自分の思い通り身体を動かす楽しさを味わうこともできます。

しかも、プールという閉じた空間で、ほかのなかまとそうしたいろいろな楽しみ方を共有する可能性が増します。身体の触れあいが多い分、ちょっとしたトラブルもあるかもしれませんが、快の感情を互いに重ね合うチャンスも増えるのです。

そして、ひと夏終わる頃、活動が広がり、友だちと共感する姿が増えたなど、うれしい報告が聞こえてくるのです。多くの保育者が、プールという場のもつ力を実感されていることと思います。

■プールを拒絶するはやとくん

しかしながら、なかにはプールや水あそび、あるいは初めての活動に気持ちが向かいにくい子どもたちもいるのではないでしょうか。

療育施設に通う、はやとくん（仮称・4歳）もそのひとりでした。自閉症という診断を受けていた彼は、入園当初、人に関心を寄せるように見えず、自分の意思をことばで表現することはありませんでした。取ってほしいものがあると、人の手を取ってそのものに近づけていくというスタイルで表してきました。また、友だちが集まって活動している場所に参加することはあまりなく、最初は自分の教室以外で過ごすことが多かったようです。

入園一年目の夏、プールあそびが始まりますが、はやとくんは近づくことさえありませんでした。担任の先生は何度か手を引いて誘ったのですが、猛烈に泣き、床に反り返って強い抵抗を示しました。不快や不安を通り越して、恐怖さえも彼が感じているように先生方は受けとめ、無理強いはせず、まずは彼の好きなあそびや活動を探し、楽しいという心の状態をたっぷり感じてもらうことに留意しました。

■子どもの「生きづらさ」を想像する

障害にはそれぞれ固有の特性があります。自閉症の子どもたちは、知的発達の段階に一定の幅がありつつ、認知面や社会性の発達に独特な特徴があります[5]。しばしば指摘されるものとしては、一つに、人の表情や心の状態の理解がむずかしく、他者と円滑にコミュニケーションすることに困難があります。また二つ目に、聴覚情報よりも視覚情報が処理しやすい、イメージの世界が広がりにくいなど認知的特性があり、ある特定のものや行動に強くこだわることもみられます。また比較的多くの自閉症の人たちに、味覚や触覚などの感覚に過敏さがあることも指摘されています。

自閉症の原因については確定的なことはまだ明らかにされていませんが、親御さんの育て方の問題ではなく、脳の何らかの障害が基底にあることでは多くの研究者が一致してい

5　自閉症は、何らかの脳の障害によってもたらされるものですが、脳の直接的な検査で診断されるものではなく、医師などの専門家が行動特徴を観察・問診して診断されるものです。そのため、正確な診断を行うために、客観的な基準を厳密に定めておく必要が

ます。神経科学や心理学の研究も蓄積され、脳のそれぞれの部位の障害と障害特性の関係についても多くのことがわかってきています。

そうした研究成果を踏まえて、障害特性について知っておくことは重要です。それは、その障害をもつ子どもたちが経験している「生きにくさ」を、想像するためのヒントとなるからです。たとえば、障害のない子どもたちは、身近に起こっている出来事を、大好きな保護者や保育者の表情を通じて理解できているのですが、そうした理解経路がうまく機能できていないと、まわりの世界は了解しがたくなるでしょう。あるいは、私たちは通常、耳から入ってくる情報を取捨選択して、一つの重要な情報を取り出しています。聴覚過敏をもつ子どもにしてみると、同時にいろいろな情報が耳に入りすぎて、実に混沌とした世界に生きているかもしれません。

前項で、丹念に子どもの事実・実態をふり返ろうというお話をしました。そこで確認できた事実を整理する際、こうした障害特性を理解しておくことは、「おとな目線をカッコにくくって保留して、その子なりに見えたり感じたりしている世界」（一九ページ）を想像する手がかりになるはずです。

■障害のある子どもが生きている世界

実は、はやとくんは、水道の蛇口に手を当てて水が飛び散るのをよく眺めていました。そんなとき、結果的に彼はずぶ濡れになっていたのです。ならば、同じ水を使うプールも

あります。そうした基準として利用されるのが、アメリカ精神医学会のＤＳＭ（精神障害の診断と統計のマニュアル）です。研究と実践の進展に伴い、その内容は改訂されてきて、現在ＤＳＭ‐５となっています。このＤＳＭ‐５では、それまで自閉性障害、アスペルガー障害、特定不能の広汎性発達障害と呼んでいたものを、「自閉症スペクトラム症（ＡＳＤ）」というひとつの診断に統合しています。なお、本書では自閉症スペクトラム症を念頭に置いて、「自閉症」と表記しています。

大丈夫だろうというのは、おとな目線でのとらえ方です。自分が水あそびをしていて濡れるのと、プールにおいて他の子どもの「とばっちり」を受けて不意に水に濡れるのとでは、本人にとって感じ方がまったく異なったのでしょう。

おとなから見ると奇妙に思える行動、あるいはつじつまの合わない行動も、障害特性について理解し、子どもたちがかかえている「生きづらさ」を想像してみることで、子どもなりの理由がきっとみえてくるはずです。そして、「不必要な情報まで同時に頭に入ってくる状態って、イライラするだろうな」、「よくわからないものが次々に目の前に出されたら不安だろうな…」と想像してみたいと思います。

そうした想像をくぐったうえで、「気になる子」への対応本で述べられている日課の視覚化[6]などの方法の意味を考えてみたいところです。

■ささいな事実から子ども再発見

先生方は、はやとくんが生きている世界にできるだけ共感したいと願い、彼のしていることを同じようにしてみながら、何を楽しんでいるのかを想像してみました。なかなか共有関係がつくれない子どもを前にすると、焦ってつい「こんなあそびをしてみようか」と私たちの興味や関心に子どもを引き込もうとしてしまいます。そんなとき、とりわけ自閉症の子どもにしてみると、私たちはいきなり土足で自分の世界に入り込む侵入者のように見えるかもしれません。やはり、子どもが「楽しい」と感じている対象や状態を尊重して、

6　耳で聞くより目で見る方が情報処理しやすいという特性（視覚優位）に対して、日課を絵カードなどで提示してわかりやすくする方法。

私たちもそのおもしろさやかっこよさを心から感じて、その感動を子どもに返していくことが基本なのではないでしょうか（これって、どの子に対してもそうですね）。

はやとくんは、みんながプールに入っている際、園庭の片隅で、土のかたまりを見つけてはつぶしていました。保育者も、彼のそばで、同じように手頃なかたまりをつぶしてみては、その感触を味わい、少しそのおもしろさに「はまった」そうです。しばらくして、担任が大きめのかたまりをはやとくんに渡すと、彼はそれを受け取り、担任の顔も少し見たのでした。保育者が、彼とつながれたという手応えを感じられた瞬間です。

もう一つ、大切な発見がありました。園庭で土のかたまりつぶしをしている途中で、少し離れたプールの方にチラリと目を向けることがあったのです。最初、先生方は偶然かなと思われたそうですが、注意してみると、やはり「チラリ見」は合間合間で確実に確認できました。子どもの事実・実態は、これくらい細かなところまで、具体的な文脈に即してとらえる必要があることをあらためて強く感じます。

■どの子にも共通した発達のねがい

身体は参加していなくても、心は参加している。この「チラリ見」から、

そんなことを現場では確認しました。そして、はやとくんも友だちのしていることが気になり、プールあそびに興味があるのではないか。でも独特な過敏さがあるため、一歩近づくことができないでいるのではないか、といった理解が深められていきました。これが契機となって、彼専用のプール（小さなタライ）を用意した実践が始まったのでした。

まずは、他児が大きなプールからあがった後で、その近くに彼専用のタライを置いて、いくつかの道具とともに水あそびを行い、続いて足をつけるのも誘うといったことを進めていきました。このときの彼の満足そうな表情が忘れられないと先生方は言います。本格的にプールに入るのは翌年以降となりますが、「生きにくさ」によって実現しにくかった、彼のねがいをくみ取った取り組みが、はやとくんと保育者の信頼関係の基礎を築いたのだと思います。この実践から、「子どもに寄りそう」ってどういうことなのか、さらに考えてみたいテーマです。

はやとくんは、友だちのしていることに興味をもち、あこがれの気持ちを育む土壌は確実に耕されていました。この点では、他の多くの子どもたちと共通した道のりを歩んでいるといえます。私たちは、障害特性に由来する、他の子どもとの違いに目が向きがちですが、なかまを求め、新しい自分をつくろうとしている姿も忘れないようにしたいものです。

子どもの「生きにくさ」と、発達へのねがいをともに理解することの重要性については、3章において保育実践を紹介しながら、さらに具体的に読み取っていきたいと思います。

5．実践的な子ども理解を深めるために

■不思議なこと

私は、ある不思議な体験を何度もしています。…といっても、コワイ話ではないのでご安心を。

事例検討をするお誘いを受けて、しばらくして子どものようすを見せてもらおうと訪問すると、「連絡したときは、大変だったんですけど、ここ最近、ちょっと落ち着いてきたんです。わざわざお越しいただいたのに…」と、ごあいさつをいただくことがあります。しかも、一度ならず、過去に何度もそんなことがありました。

私が訪問すると、子どもが変わる。いやいや、そんなわけがありません。事例検討を思い立つと、子どもが変わる。そんな風に言っていいかもしれません。「思い立ったが吉日」です！

■なぜ「思い立ったが吉日」なのか

さて、正確に言いますと、事例検討をしようと単に思いついただけで、子どもが変わるわけではありません。事例検討をしようと思い立てば、過去の記録を見直したり、当該の子どもの姿をよりていねいに観察することがなされます。あるいは、子どもの「困った行

動」にとことんつきあってみるといった、対応の変化もあるかもしれません。保育者自身の、子どもへの向かい方の変化が、子どもとの関わりを好転させる契機となっているのではないかと思います。

■事例や実践の検討の流れ

事例や実践の検討の仕方は、いろいろな進め方があります。以下に述べるのは（図2も参照）、あくまでも一例ですので、園のそれまでのやり方に応じて考えていただければと思います。また、園の状況によっては、すぐに話し合いができない場合があるかもしれません。そのような場合、まずはお一人でも、ここで述べるような視点で、子どもの事実を整理してみると、子ども理解が深まり、保育を見直すヒントが得られるはずです。そして、少しずつでも「再発見」した事柄を同僚に伝えてみてください。

さて、まずは、いくつかのメモをあらかじめ作成していただければと思います。①どういう点が気になって事例検討したいと思ったかということとともに、②「気になる行動」が見られた保育場面、③「気になる行動」が見られなかったり、「すてきだ」と思った行動が見られた保育場面を具体的に書いてみます。「気に入らないことがあると、すぐにかんしゃくを起こす」と一般的に記すのではなく、「気に入らないこと」の内容がリアルにわかるように（例：「朝の会での当番活動をする順番が、たまたま座っていた場所の関係で、他児の次になったとき、怒り出した」）、具体的にふり返ってみましょう。

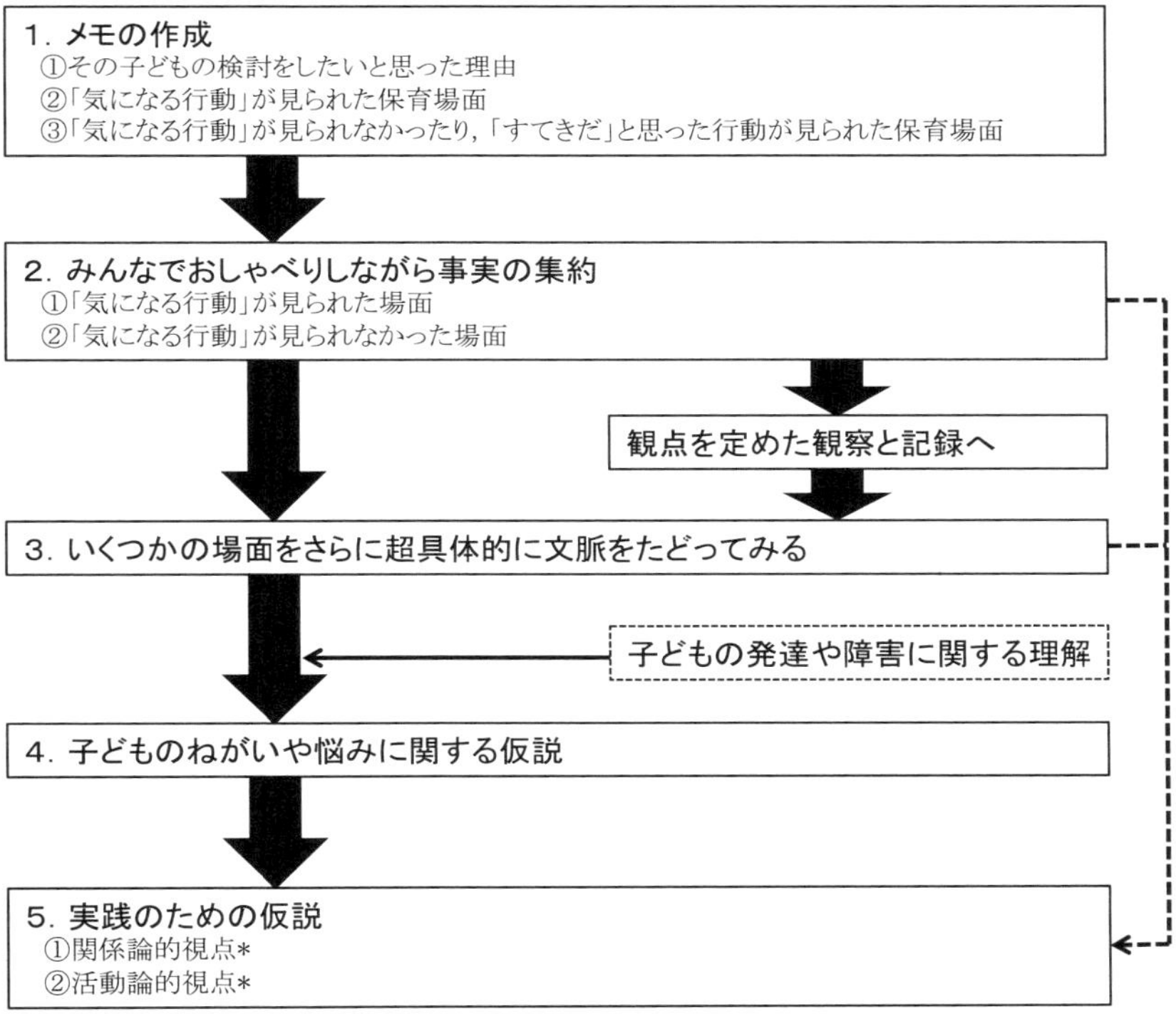

注）*については３章で紹介する。

図２　子ども理解を深めるための流れ

園内やクラスでふり返りを行う際、簡単でけっこうですので、こうしたメモを作ってみるとよいと思います。それまでの記録[7]を見返しながら、その子の特徴がよくわかるのはどの場面か、あるいは「すてきだ」と思えた場面を自分たちは見ていたかと、迷ったり考えたりする時間がかかりますが、こうしたメモを作っ

7　ふり返りの材料となる記録は、どんな風に残すのかについては、それぞれの園のやり方や、保育者の一人ひとりの書きやすさもあるかと思いますので、それぞれに工夫いただければと思います。ただ一つ言えるのは、日々の仕事や書き物が増えている今日、できるだけ書くための「ハードル」は低い方がいいということです。子どもに関わるすべての人が、主観的な思いも含めて、短いものを無理なく残すことで、経験年数や立場に関わらず、子ども理解の大切な一員となっていただければと願っています。

て事例検討に臨むことは、子ども理解を深める最初のきっかけになります。

■できることから最初の一歩を

事例や実践を話し合う時間を確保することが、課題となる園も多いかもしれません。クラス内、乳児や幼児のグループ、園全体と単位が大きくなるほど、集まりにくくなる現実はあると思います。まずは、小さな単位での検討時間を確保して、子どもの姿を語り合うことによって、子どものねがいに近づけることをしっかりと実感したいと思います。

すべての「気になる子」について検討したいところですが、時間的にむずかしいと思います。特に指導で悩んでいる子どもを取り上げて、集中的に議論することで、目のつけどころや実践的に気にかける点を明らかにすると、他の子どもの理解にも波及するはずです。

また、保育現場で、残さなくてはならない記録は多く、その記入時間を捻出《ねんしゅつ》するのに苦心されていると思います。でも、そうした記録が案外と活用できていない現実もあるかもしれません。事例や実践の検討を試みて、子どもの内面を想像するのに有効な手がかりとなる記録についても考え、記録のつけ方を見直す契機にできればと思います[8]。

■「そういえば…」と気にならない場面で盛り上がる

続いて、気になる行動が起こった場面とそれが見られなかった場面に分けて、記録や記

8　『現代と保育』85号（2013年、ひとなる書房）の特集「記録の見直しと職員の育ち合い」も参照。

憶を頼りに事実を出していきます。これは、本章の3で述べたこと（事実・実態から出発した子ども理解）に基づいています。限られた時間ですので、出された事実を、ホワイトボードに箇条書きして、それを写メでも撮って残しておきましょう。お話が盛り上がるくらいがいいのですが、何の話をしていたのかを見失ったり、話し合いの内容が後に残らないということを避けるためです。

そうして事実を重ねていくと、「気になる行動」が起こりやすいタイミングが見えてきて、子どもの悩みを想像する手がかりが得られると思います。もしかすると、あまり実態をつかめていない現実に気づき、あらためて観点を定めて、子どもの姿を意識的に観察してみる必要性が確認されることもあるかもしれません。

他方、「すてき」と思えた場面までいかなくても、「気になる行動」が見られなかった場面を拾い上げるのは、なかなかむずかしいことです。たとえば、「切り替えがつきにくい」ことは日常の生活において目立ちますが、切り替えができたときは生活の流れは途切れませんので、私たちの意識には残りにくいのです。それだけに、日頃の保育のなかで自覚的に目を向け、この部分は記録しておく必要があるでしょ

ホワイトボードを使って事実の整理

う。また、「気になる行動」の有無とは関わりなく、子どもの、ごく「普通」の姿やことばを拾ってみるだけでも、話し合いのきっかけになります。（「スプーンをよく放り投げる」そうくんの場合であれば）「この間、そうくん、おいしそうにから揚げを食べてたね」「そうそう、しあわせって感じ…」「そういえば、そのとき、スプーンを投げなかったね」「言われてみれば、そうだね」などというように、です。

きっかけがつかめますと、「そういえば…」と、「気になる行動」が見られなかった場面が先生方の口々から出されるようになります。この「そういえば…」の連鎖とともに、先生方に笑顔が生まれていきます。その子は「気になる行動ばかりしている」子どもではないことを、みんなで再確認するひとときです。

■具体的な文脈をおさえて、子どもなりの理由を気づく

続いて、前記で取り上げた場面のなかで、ここをもっと深めたいというものを選び、同

僚の力を借りながらその前後の文脈を思い出して、あるいは記録を見返して、いわゆる場面記録を作成してみます。

ある園で友だちをよくたたいてしまう年長児の事例を検討したときのことです。「気になる行動」が見られた場面として、担任は次のようなメモを出されました。

【最初のメモ】午前中、サッカーボールで遊んでいるとき、突然、友だちをたたいた。

ほかのクラスの先生も交えて、その前後の文脈をさらに具体的に確認してみると、次のようなことがわかってきました。

【詳細な場面記録】朝、母親と何か衝突することがあって、不満そうな表情で登園してきた。運動面で手応えを感じやすい彼は、サッカーボールでなかまも誘って遊ぼうとした。ただ、その時間帯はボールあそびをしない約束となっている。それを思い出した彼は、ボールをけるのはやめて、我慢していたようす。そんなとき、運悪くそこを通った子どもの足がボールに当たってしまい、思わずその子を押してしまった。

【最初のメモ】だけでは、子どもの思いはみえにくいのに対して、【詳細な場面記録】からは子どもなりの事情が読み取れます。友だちを押した行為そのものはよくないことではありますが、そこに至った本児なりの理由も見えますし、その子なりに行動を抑制しようとしたがんばりにも気づかされます。

日常の現場では、いろいろなことが同時多発的に起こっており、その場でこうしたいきさつを把握するのはなかなかむずかしいことです。今の劣悪な配置基準のもとでは、「一人ひとりの子どもをしっかり把握できる保育者になりましょう」などと精神論では対応できません。だからこそ、同僚と協力しあって、ときどきは前記のように事実をみんなで確認し合っていくと、「困った行動」には必ず理由があるということに確信がもて、子どものねがいや悩みを想像するための手がかりをより多く得られると思います。

■「気になる行動」が見られない場面から保育のヒントを得る

また、「気になる行動」が見られない場面をさらに具体的に掘り下げて、そのときの関わり方、活動内容や日課のあり方から直接、明日からの保育を考えていくヒントがたくさん得られます。

給食のときにわざとスプーンを投げることが「問題」とされたそうくんは、実はスプーンを投げないで食べることもあることに、先生方は、から揚げをおいしそうに食べているようすを思い出して気づきました。そこで、スプーンを投げないで食べられている場面をさらに具体的に思い出したり、あらためてその場面に注意して観察することを試みます。その際、給食場面だけではなく、その日に何をしたのかも含めてあれこれおしゃべりしたり、複数の目で確認してみます。すると、次のような事実が確認できました。

【スプーンを投げないで食べられたときに、何があったのか】
○そのときのメニュー：ポタージュ、から揚げ…など。
○その日の午前中の活動：そうくんの好きなあそび（どろんこあそび）をたっぷりしていた。また、片づけや給食の準備を手伝い、担任がみんなの前で「ありがとう」と伝えるとうれしそうでまんざらでもなさそうな表情をした。

これらの事実は、次の保育を考える手がかりをたくさん与えてくれます。その一例を以下にあげてみます。

○すくいやすいものや、ほかの子どもも手づかみで食べるものだとスプーンを投げない可能性があり、食材の提供の仕方や、スプーンなどの道具の使いにくさを補助する工夫をすることで、そうくんが給食に前向きになれるようにする[9]。
○午前中の活動において、彼も含めて、クラスの全員が遊びきった満足感をもったかどうかをふり返り、そうくんの好きなあそびが位置づけられるように日課を調整する。たっぷり好きなあそびをしたあとは、次の活動への意欲も高まり、切り替えて向かっていけそうだ。
○そうくんの存在がクラスのなかまから認められるように、無理のない形で、彼の出番を用意してみる。

「気になる行動」が見られない場面の前後の文脈をたどっていくと、このようなヒント

9　食の指導では、園の栄養士や調理師の方々、道具使用の補助については発達支援センターなどに在籍される作業療法士、摂食では言語聴覚士の方々と連携して、子どもの日々の生活を支援する具体的な方法を考えることが大切になります。

を直接的に得ることができます。再度強調したいのは、いずれのこともすでにその現場で、実践されている事柄なのです。「スプーンを投げないで食べられた」ことは、すでにその現場で起こった紛れもない事実です。その事実を成り立たせていた、関わり方、活動の仕方、日課の組み立て方などを思い返して、それを次の日から意図的に実践してみる。この着眼方法は、なかなか有効なものだと思います。

■子ども理解を深めるために

以上のように事実を整理していくと、子どものねがいや悩みに一歩近づき、保育を見直すきっかけとなります。先輩、同僚といっぱいおしゃべりしたこと、自分なりに悩んだり考えたこと、「気になる行動」が見られない場面から気づいたヒントなど、是非とも書いて残してみてください。少しずつで大丈夫です。そうした記録を残していくと、ご自身の目のつけどころの変化に気づき、子どもを理解し保育を組み立てる際の視点が豊かになっていくでしょう。

講師の話を聞く研修も大切ですが、ご自身の実践をふり返り語るスタイルの研修はより多くの学びがあります。とはいえ、実践記録を書くのはハードルが高いというお話を聞くことがよくあります。園長や主任、あるいは同僚とおしゃべりをして、「その話、おもしろいから書いておいたら…」と言ってもらうのがとっつきやすいと思います[10]。

あわせて、子どものことをもっと知りたいという思いも強まるでしょう。そんなとき、

10　実践記録を書くうえで次の本はお薦めです。
　竹沢清（2005）子どもが見えてくる実践の記録　全障研出版部.

今日ねー
こんなこと
あったの
わーい
そうそう
みてたよ
ごめんね
わー
すごーいっ

発達や障害について学習すると、その内容がよりリアルにわかり、単なる「教科書の丸暗記的お勉強」ではなく、ある一人の子どもをより深く理解するための視点を増やすことができるようになるのではないかと思います。

次の章では、実践を通して得られた、子どもに関わる事実を整理する手がかりとして、子どもの発達と障害に関する基礎知識についてみておきたいと思います。

第2章

子ども理解の基礎知識

──子どもの心を共感的に想像するために

1．何のために発達と障害を学ぶのか

■子どもの事実から学ぶ

1章では、「気になる子」や障害のある子どもを理解し、子どもの見方を変えることが大切な最初の一歩であることを述べました。そのために、子どもに関わる事実や実態をていねいにふり返ることの重要性を強調しました。多くの本では、まず最初に障害の特性について説明があり、それぞれの特徴に応じた支援技術が紹介されていることが多いと思いますが、本書ではあえてそうした構成にはしていません。

自閉症という同じ診断を受けている子どもでも、一人ひとりの特徴は違いますし、発達とともに子どもたちのねがいや悩みは変化していきます。「自閉症児だから、対人関係は取りづらい。こだわりが強い」とステレオタイプ的にレッテル貼りをしてしまうと、子どもの内面をその子の目線で想像することをむずかしくしてしまいます。子どもの姿に学びながら、子ども理解を深めるためには、事実や実態から出発することが遠回りのようでも確実な道なのだと思います。

■それぞれの子どもに固有の世界を想像する

とはいえ、ふり返った事実を並べているだけでは、子どもの内面で起こっていることをなかなか想像することはできません。「子どもの思いに寄りそい、共感する」といったことが、保育や教育の世界ではよく言われますが、なかなかむずかしいと感じることもあると思います。他者に共感する心の働きそのものが複雑で、いろいろな要因が絡んでいるものです。ですので、発達や障害を学べば、子どもに共感できるということではありません。ただ、子どもの思いに共感する第一歩として、まずは子どもが私たちおとなとは異なった固有の見方や感じ方をしていることを理解しておくことは、子どものねがいや悩みを想像するための有効な手がかりとなるはずです。

発達という視点から見ると、子どもたちの生きている世界は変化しており、同じ対象に対しても受けとめ方は確実に変わっていきます。たとえば、同じように子どもをほめることばであっても、2歳児と4歳児では受けとめ方が大きく違ってきます。おとなから突然ほめられて、まんざらでもなさそうにする2歳児に対して、4歳児ではほめられる理由がわからず戸惑うようすがみられます[1]。4歳になると、単なるおだては通じず、ほめられるにはそれに値するだけのことを自分がしたということを自覚するようになっているのです。

また、障害という視点からは、他の多くの子どもが見聞きしたり認識しているのとは異なる世界を、当該の子どもがどんな風に生きているのかを想像してみます。あとで述べますが、たとえば、まわりからほかの子どもたちの声が聞こえてきても、私たちは先生の指示にだけ気持ちを向けることはできます。しかし、子どもによってはそうした選択的に注

---

1 加用文男（2002）幼児のプライドに関する研究 心理科学、23、17-29.

意を向けるのがむずかしく、周囲からのノイズも必要な音声と同様に耳に入ってくるということがあります。現代の社会において、自動車や工事現場などさまざまな騒音だらけの状況が多いなか、こうした特性をもった子どもにはまったく落ち着かない、不安さえも感じる毎日になっているのではないかと想像されます。

私たちにとって「当たり前」と思っている事柄をいったん保留して、発達や障害について学んだことを手がかりにしつつ、子どもが独自に感じたり認識しているものを想像してみると、子どものねがいや困っていることが少しずつ感じられるのではないかと思います。

2. 発達理解の基本

人間は一生を通してさまざまな変化をしましょう。どの変化に注目して、いかに発達を読み取るのかについては、いろいろな考え方があります。ここでは、子どもの発達を理解するうえで私が依拠している考え方のうち、基本的な事柄を確認しておきます[2]。

2　発達のとらえ方については、次の文献も参照してみてください。

木下孝司(2010)子どもの発達に共感するとき─保育・障害児教育に学ぶ　全障研出版部.

なお、私自身、発達のとらえ方について、田中昌人さんらの理論から学んだことがベースになっています。次のシリーズ本もお薦めします。

田中昌人・田中杉恵(1981〜1988)子どもの発達と診断1〜5　大月書店.

■子どもは必ず発達する

「困った行動」がずっと続いたり、障害によって子どもの変化が見えにくいことがあります。そんなとき、いつまでこうした状態が続くのかと、おとな自身が焦ったり不安になったりします。しかしながら、子どもによってペースの違いはあるとしても、どの子も変化していきます。必ず発達していきます。ただ、(1章で紹介した)はやとくんのようにその兆しがほんのわずかなものである場合もあります。ですので、そうした微細な変化をとらえられるように、私たち自身の目をどれだけ発達させられているか、ということが大切になるのです。

また、発達というと、できないことができるようになるという能力の獲得が念頭におかれやすいように思われます。それを「タテの発達」と呼ぶならば、「ヨコの発達」というものも考えることができます。たとえば、保育園でスプーンを使えるようになった子どもがいるとします。保育者が保護者にそれを喜び伝えると、すでに家庭ではスプーンは使えていたとのことで、喜びも冷めがちになります。確かに、スプーンという道具使用の能力をすでにその子は獲得していたのですが(タテの発達)、その能力を保護者とマンツーマンで発揮する状態から、保育園のなかまのなかでも使いこなせる状態への移行(ヨコの発達)は実践的に意味のあることです。

このように、なかまのために、ある力を使ったり、なかまとつながりを深めつつ、その子どもなりの持ち味を発揮していくプロセスも、発達を豊かにとらえるイメージに加えてみたいと思います。

■発達には節目がある

子どもはときに大きく変化して、一皮めくれたように見えることがあります。「落ち着いてきた」「しっかり自分の思いを伝えるようになった」など、まわりのおとなからそうした感想が寄せられやすい時期です。多くの発達理論がそうした節目となる時期に注目して、子どもの見ている世界が質的に激変する段階を仮定しています。質的転換期などとも呼ばれます。

たとえば、乳児期から幼児期へと向かう1歳半頃の節目ですと、それまで室内に落ちている棒きれは、持ってたたいたりするものであったのが、あるときは「飛行機」、またあるときは「箸」に見立てられる対象にも見えるように大きく変化します。子ども自身が見たり聞いたり、感じたりする世界が大きく変わり、それと裏表の関係として、自分自身の感じ取り方も変化していきます。このように、子どもはある発達段階から別の発達段階に移行していくのです。

発達段階というと、何か子どもを序列づけするように思われるかもしれませんが、そうではなく、子どもがそれぞれの時期にかけがえのない世界に生きていることを理解するための目安として理解したいと思います。

発達の節目をとらえていく立場から、見ておきたいことがあります。それは、この激変の時期には「困った行動」が見られやすいということです。1歳半の節目でいえば、目の前にない世界を少しずつイメージできるようになると、「〜しよう」という自分なりの意図をもって行動するようになっていきます。ただ、子どもの意図はいつもまわりから受けとめてもらえるとは限りませんし、まだまだことばで他者に伝えるのもむずかしかったりします。そんなとき、「だだこね」と呼ばれる、おとなを困らせる行動が起こりやすくなります。自分なりに意図をもって主体的に生活したいと願いながら、それがうまく実現できないしんどさが、「だだこね」の裏側にはあるのではないでしょうか。

子どもの「困った行動」は、おとなを困らせるという側面もありますが、一番困っているのは子ども自身であり、そこには新たな発達段階に向かい、新しい自分をつくっていこうとするときの「産みの苦しみ」があると言えます。とりわけ、何らかの障害によって、新しい自分づくりに制約を受けていると、「困った行動」はより激しく、またより長く見られることがあり、その対応に私たちは追われてしまいがちです。いわゆるハウツー的な「対応」に向かう前に、子どもたちがどんな思いをもち、何に困っているのかについて、発達の節ということも念頭において考えてみたいと思います。

■発達の主体は子どもである

子どもは夢中になって遊び込み、まわりの人や世界に積極的に働きかけていくなかで、新たな力や感じ方を手に入れ、自分をつくり変えていきます。「もっと遊びたい」「もっと知りたい」というねがいのもとに、たっぷりと活動をした結果として、新しい自分をつくり出す発達が進んでいく、と言ってもいいでしょう。

ただ、弱さや不十分なところが目につく子どもに対して、どうしてもその能力やスキルだけ取り出して、おとなの方から一方的に教えこむということが起こりがちです。たとえば、発話がみられない子どもに対して、絵カードを見せて命名する練習をするといったこ

コミュニケーションの
「主人公」はどっち？

とです。ことばの発達がゆっくりである場合、保護者には「いっぱいことばをかけてあげてね」などと指導されることが多く、絵カードを使った「特訓」がなされることもあるようです。子どもにしてみますと、その「特訓」場面において、絵カードを見たり、お話をしたりする必然性が乏しく、楽しいコミュニケーションの場とは言えない状況ができてしまいます。

やはり、話しことばによるコミュニケーションが発達するためには、伝えたくなるような活動（楽しいあそび、誇らしく思えた活動結果など）があり、伝えたくなる相手がいるという生活が用意されて、子ども自身がその場に積極的に参加していくことが前提になっています。子どもが、伝えたいという思いを自ら高めて、活動に参加する主体となってこそ、コミュニケーションの発達は成り立ちます。

「子どもが主体（主人公）」ということは多くの園で言われていることだと思いますが、とりわけ「気になる子」や障害児への支援を語る際、目につく「困った行動」の修正ということが前面に出てしまいがちです。今一度、事実や実態に基づきながら、子ども自身から見えている世界を想像して、ねがいや悩みに少しでも近づけたらと思います。

3．生活の主人公への道のり

本書では、誌面の限りもありますので、それぞれの発達段階の具体的な姿は他の本を参考にしていただければと思います[3]。ここでは、それぞれの時期の特徴について概略的に紹介して、子どもを発達的に理解することの例を見ておきましょう。

■たっぷり探索して、世界を広げる

生まれて半年くらいから、子どもたちは次第にお座りが安定し、手が自由に使えるようになります。個人差はありますが、生後8か月くらいから、はいはいでの移動も可能になり、移動の自由を獲得してきます。興味をひくものを見つけてはそこまで移動し、そのものを触り、ひっくり返したり、なめ回したりと、探索活動が展開されていきます。おとなから見ますと、単純な繰り返しをしているように見えますが、この時期の子どもにとっては「同じこと」の繰り返しではなく、次々と新しい発見を重ね、飽きることのない瞬間の連続ではないでしょうか。

こうした探索活動を通して、子どもたちは外界に向かう意欲の根っこを太くしていくことになるでしょう。

実践検討会で紹介されたダウン症のAちゃんは、ようやく座位が安定し、はいはいでの

3　次の本をお薦めします。
神田英雄（2013）0歳から3歳—保育・子育てと発達研究をむすぶ〈乳児編〉ちいさいなかま社.
神田英雄（2004）3歳から6歳—保育・子育てと発達研究をむすぶ〈幼児編〉ちいさいなかま社.
白石正久（1994）．発達の扉〈上〉かもがわ出版.
西川由紀子（2013）かかわりあって育つ子どもたち—2歳から5歳の発達と保育かもがわ出版.

移動が少しずつ可能になり始めていました。認識面では次の活動を予測する力も見られ、それだけに身体の制約が本人にとってはイライラの原因になりつつあったようです。先生方が配慮したことの一つに、移動の手段のための抱っこを多用しないことがありました。それは、他の子どもに比べ、動きがゆっくりですと、その遅れを取り戻すために、保育者がさっと抱き上げて次の活動に連れて行ってしまうことがあることへの反省に基づいたものでした。自分で目標を見いだして、自分の力でそこに移動して、意欲の根っこを育てていくことを意識した実践といえます。

世界を広げていくプロセスは、子どもたちにとって未知のものや人との遭遇でもあり、不安感情が強まるきっかけともなります。「人見知り」をするのもこの頃です。「人見知り」の場面をよく見るとわかるように、子どもには、怖いけど興味もあるといった矛盾する心があるようです。そんなとき、大好きな人（保護者、保育者）に寄りそって支えてもらうと、よりいっそう新しい世界へと向かう意欲は高まっていきます。

■おとなと共有する世界を築き始める

おとなの支えのもとに、新しい世界に挑戦していくなかで、子どもたちは自ら発見したことやしたいことをおとなに伝えていく主人公に変身し始めます。おおよそ生後9、10か月頃からの変化です。この時期は、「革命的」と呼びうる大きな変化が起こり[4]、1歳半の節を越えていくための準備が開始される頃として[5]、多くの発達研究が注目しています。

4　マイケル・トマセロ（大堀壽夫他訳）（2006）心とことばの起源を探る　勁草書房.

大きな変化の一つは、〈子ども―事物―おとな〉という三項関係が成立して、子どもはおとなと事物への関心を共有し、相互に伝え合うことが始まることです。おもちゃを箱に入れて、おとなからほめられると、自分が何か大切な行為をしたことに気づいたり、散歩の途中で犬を見つけると「あっ」と指さして近くのおとなに伝えたりなど、コミュニケーションの土台が築かれ始めます。

　この変化の裏表の関係として、子どもたちは事物をすぐにいじったりなめたりするのではなく、じっと見て事物の特徴を認識してから、それに応じた活動をするようにもなっていきます。おとなと事物を共有し、その事物におとなが向けた意図や感情を読み取りながら、道具やことばの意味を学ぶことが始まるのです。三項関係の成立抜きでは、認識世界やことばの広がりや対人関係の深まりは考え

5　田中昌人・田中杉恵（1982）子どもの発達と診断2―乳児期後半　大月書店．

られないほど、この時期の変化は非常に大きなものといえます。

障害のある子どもたちのなかには、この、おとなとの共有世界が築きにくい子どもが少なからずいます。はやとくんもその一人でした（1章4）。そんな子を前にすると、つい共有関係を性急につくろうと、保育者があそびのなかに無理に誘い入れたりすることがありますが、多くの場合、関係づくりはうまくいきません。はやとくんの担任がそうであったように、興味と不安が入り交じった子どもの心を受けとめる「かけがえのない他者」におとながなっていることが実践的には問われます。また、共有関係は、おとなが子どもを共有させることではなく、おとなが子どもの関心にそっと共感するところから始まることも、はやとくんの実践から学ぶことができました。保育者がアンテナを張って、子どもが関心を向けている世界を知り、それをいっしょにおもしろがり共感するところから保育を始めることは、乳児保育においても障害のある子どもの保育においても大切なことではないでしょうか。

■生活の主人公への変身

他者との共有世界を広げるなかで、子どもたちは1歳半頃、いよいよ自分なりの「つもり」を明確にもち、生活の主人公に変身していきます。運動面、認識面、言語面においてさまざまな変化がみられますが、その根底には、①意図を心の中で保持する力、②意図したことがうまくいかなかったり、まわり世界が変化したりしたとき、行動や気持ちを調整する力の育ちがあります。

おとなにしてもらったり、何となく集団に流されて行動するのではなく、自分で行き先を決めようとしたり、好きなあそびを選ぼうとするなど、生活のいろいろなところで自分の意図に基づいて自己決定する姿が見られます。「〜したい」「〜しよう」と思う主人公になることは、かけがえのない人生を歩む大事な一歩です。

ただ、そうした意図はいつもまわりから受け入れられたり、実現されるものではなく、そんなとき、子どもは「だだこね」という形で自分の意図を表現することになります。おとながロールパンを食べやすいようにちぎってやると、「自分でやろうと思ったのに」と言わんばかりに怒る。急に予定が変わって、お散歩先を変更すると、道ばたに寝転がって大抗議など、「だだこね」が起こる場面は数多くあります。私たちからすると「さきいに」思えることも、自分の思いを尊重したい、あるいは尊重してほしいというねがいがあるのでしょう。他方、意図をもって行動して、達成感を積み重ねていくことで、意図通りにならなくても、やり直したり立ち直ったりする力を蓄えていくのも1歳半頃からです。「〜ではなく…だ」と自己調整する力も自らのものにして始めて、子どもはまわりの変化に一方的に流されない、生活を切り開いていく主人公と呼ぶのにふさわしい存在になっていきます。

スプーンをわざと放っていたそうくん（1章3）は、かっこよくスプーンを使っている友だちの姿をあこがれていることが、事実のふり返りから見えてきました。生活の主人公

「生活の主人公」にふさわしいお散歩は、
めあてをもって…

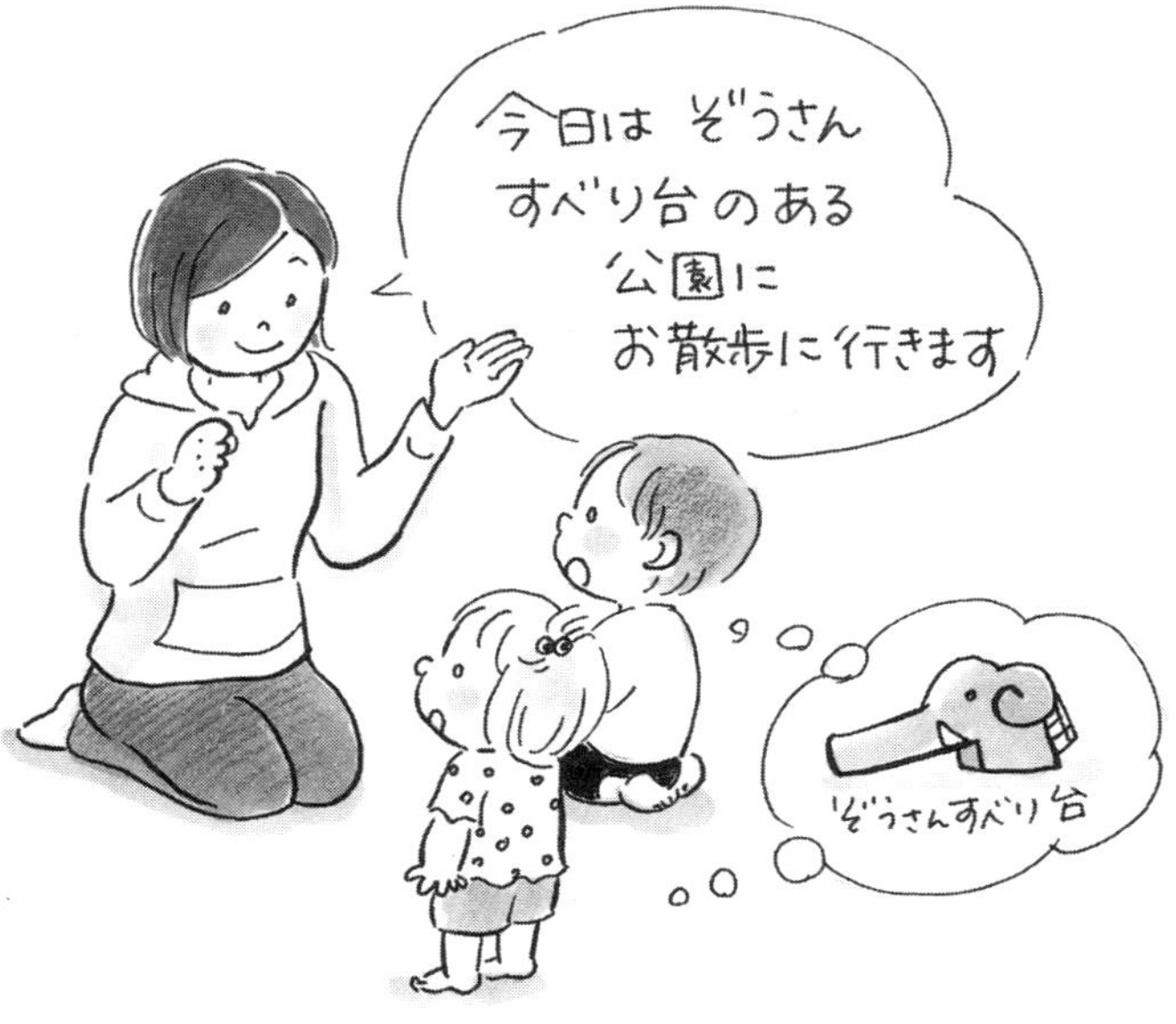

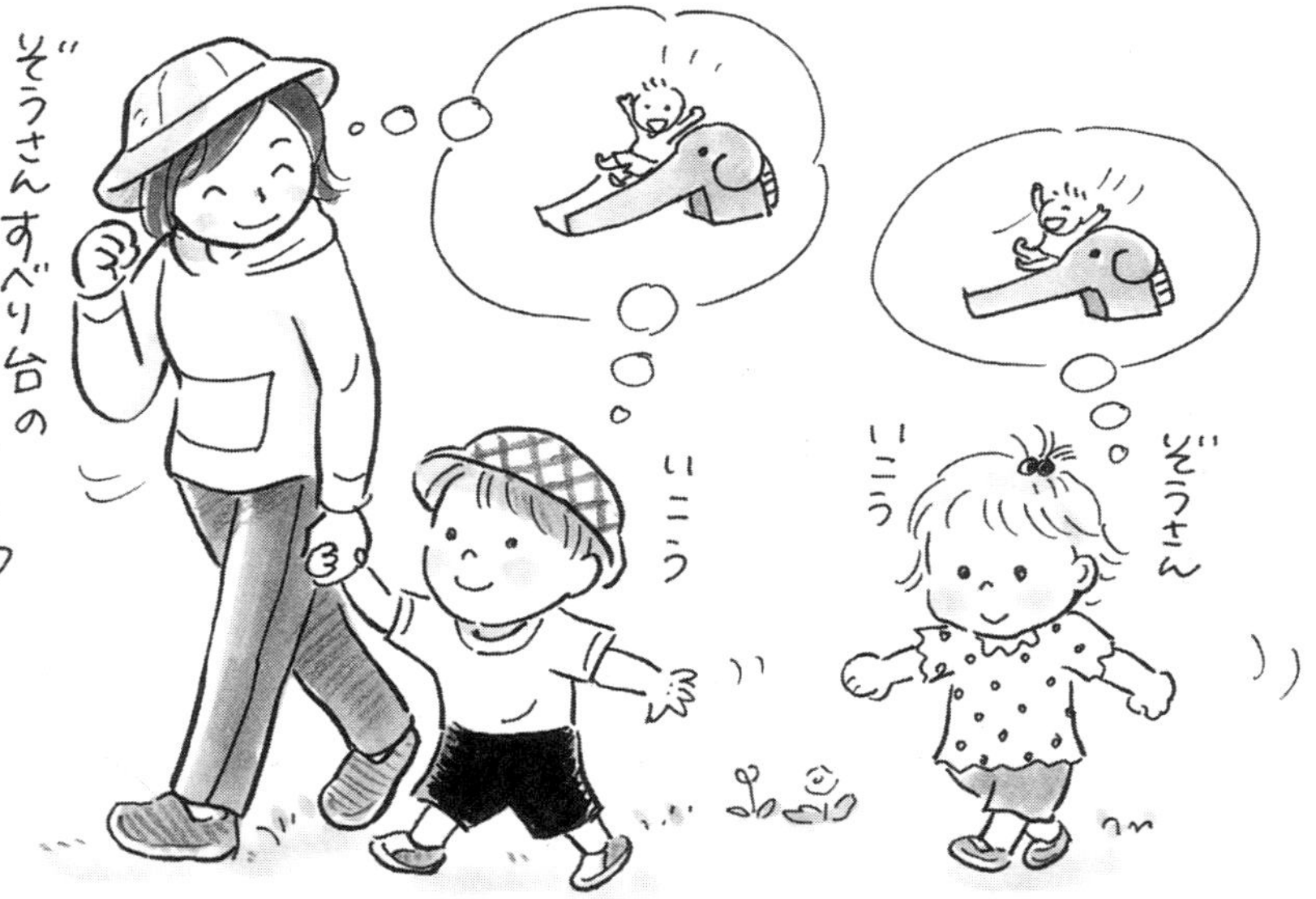

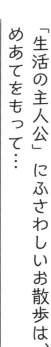

になろうと、しっかりと意図をもち行動しようとするからこそ、それがうまくできない自分自身にふがいなさを感じていたのかもしれません。そんな子どもの内面に思いを馳せるのに、ここで述べている発達理解が一つのヒントになるはずです。他方、スプーンを投げないで食べることができた事実に着目することで、彼が立ち直る力の源泉である、達成感を感じる場面や活動を私たちは知ることができます。

しっかりと意図を心に保持し、意図の実現に向けてしなやかに行動や気持ちを調整できる主体となることは、1歳代に限らず、その後の人生を通していつもテーマになることです。3章で保育の内容を考える際にも、こうした心の育ちについて留意していきたいと思います。

4. 自分なりの思いをふくらませていく

■「2歳児みたいな4歳児」

一九九〇年代、「気になる子」という言い方が保育現場で聞こえるようになった頃、「『気になる子』って、どんな子ですか？」と問い返すと、「2歳児みたいな4歳児なのよ」と返ってくることがありました。不思議なことに、当時住んでいた静岡の現場でも、時々お邪魔していた関西の現場でも、この「2歳児みたいな4歳児」というフレーズを耳にしました。そこで語られたのは、4歳児となり、自分の気持ちを整理して少しずつ我慢のできることが期待される頃なのに、自分の思いや要求をストレートに主張して、気持ちの折り合いのつけにくい子どもの姿でした。その子どもたちすべてに、発達の遅れがあるわけではなく、生活で見せる姿や発達検査の結果では年齢相当の力を見せている場合が多かったように思います。能力の発達とは別に、獲得した能力を生活のなかでしっかり使い込んでいく土台の部分として、「自我の育ちの未熟さ」が指摘された子どもたちです。

生活の主人公になるための力を備えてきた子どもたちは、2、3歳の頃から、日々の生活で主人公らしく生活し、そのようにまわりからも認められ尊重される経験をたっぷりと味わい、自我を育んでいきます。にもかかわらず、生きにくさをもたらす、さまざまな要因によって、しっかりと、かつ、しなやかに自我が育ちにくくなっている場合もあるかもしれません。「気になる子」の問題を、こうした自我の育ちに注目しながら検討することは実践的にも研究的にも課題であると、私は考えています[6]。

■心の世界の広がり

1歳半頃より芽生えていた目の前にないものを思い描く力は、2歳児においてより広がり、一度に心に保持できる容量が増えていきます。そして、いくつかの行為を連ねて、「〜

6　木下孝司（2006）二歳児の自他関係と自我の発達　清水民子他編　保育実践と発達研究が出会うとき―まるごととらえる子どもと生活　かもがわ出版　100-114.

世界を意味づけ始める頃

してから…する」という姿が見られるようになります。その積み重ねによって、子どもたちの遊び込むようすが目立ち、楽しいことを「イッパイ」「モット」したくて、「モウイッカイ」とさかんに要求するようになっていきます。

外界を映し出す心の世界が広がっていくなかで、事物同士の関係を表す概念にも気づき始めます。一度に複数の事物をイメージしてその類似性に気づき、「〜ミタイ」と見立てる力を発揮します。また、それらの相違に気づいて「オオキイ―チイサイ」など比べる力を示し始めることも見られます。大きいと小さい、好きと嫌い、かっこいいとかっこ悪いなどのことばを使うようになりますが、そこには子ども自身の判断や意味づけが必ず介在しています。そのようにして、子どもは自分なりの思いを心の中に宿していきます。

■「大きな自分」でありたいねがい

自分なりの思いをもち、少しずつ自分でできることが増えてきた2、3歳児は、「もう赤ちゃんじゃあない」、「大きな自分」でありたいと願っているようです。クラスのなかまの輝いている姿にあこがれの眼差しを向けて、自分もそうありたいという思いも強まります。

ただ一方で、「大きな自分」でありたいと願うことは、逆に「できない自分」にも気づくきっかけともなります。比べる力を自分に向けて、自分と友だちを対比することになり、苦手意識のようなものも感じていることがあるでしょう。その結果、みんなが楽しそうにいる場から抜け出たり、あそびを壊したりと否定的な行動に向かうことがあるかもしれません。ただ、そっと支えを入れてあげることで課題に向かう姿も見られますし、その子の輝いている姿をなかまのなかで認めてあげることで、誇らしい自分を感じる機会はつくられます。

「乱暴な」行動が問題になったりおくん（1章2）の場合も、「大きな自分」であることを願いながらも、なかなか自分への手応えを感じるチャンスがありませんでした。発達検査場面において、私の支えのもとで作った積み木を、自分の「作品」のように眺めるようすから、そこに何らかの手応えがあったことを感じました。その感情は、単におとなからほめられてうれしいといったことではなく、自分自身が賞賛に値する存在であることへの確信がベースになっているのではないでしょうか。

■子どもの思いを受けとめるということ

子どもが自分なりの思いを心に宿すようになるなか、私たちもそれまで以上に、その思いを受けとめることが必要になります。そこでいつも思い返すのが、神田英雄さんが問題提起されていることです[7]。

神田さんはまず次のような2歳児の例を紹介されます。ある2歳児とお母さんが買い物に出かけて、くたくたに疲れた帰り道のことです。その子が「オンブして」と要求してきますが、お母さんも疲れているので取り合わず、何とか少し歩き続けようとします。子ど

7 神田英雄（2004）伝わる心がめばえるころ—二歳児の世界 かもがわ出版．

もは「オンブして」と絶叫して、手がつけられなくなり、ついにお母さんは「しょうがないな。オンブしてあげるから」としゃがみ込みます。

その後が興味深いところです。その子はそのままお母さんにおぶさらないで、別の行動に出たのです。

この2歳児さんは、最初に「オンブして」と言い始めた地点まで走って戻り、「ここからオンブするの」と要求したのでした。わが子なら思わず、「そんなに走れるなら、自分でちゃんと歩きなさい！」と怒鳴り散らしそうな場面です。あるいは、こちらの善意を踏みにじる行為にも見えるかもしれませんし、いちいちおとなの思いに逆らうことをしているようにも受け取られかねません。

神田さんはこの事例を紹介しつつ、2歳児の要求は二重構造になっていると指摘します。すなわち、一つが行為の要求であり、「オンブして」とことばにした通りの要求です。もう一つが自我の要求であり、「自分を認めてほしい、尊重してほしい」という要求が当たります。この例でいえば、自分が「オンブして」と言い始めたところからオンブしてもらうことは、本人にはうまくは言えなかったけれども、「しんどいながらがんばってきた自分を認めてね。そんな自分の思いをわかってね」という自我の要求を受けとめてもらうことになったのでしょう。

表面的な、そして場合によっては認めがたい行為の要求の背後に、自分なりの思いをしっかりと受けとめてほしい自我の要求が隠されている。このことは、「気になる」行為

ボクの思いを認めてね！

を頻発している「気になる子」を理解するうえで、いつも留意したい点です。その子なりの思いをおとな自身が正面から受けとめきれないとき、子どもからすると通じ合えない不全感を感じ、年齢を経ながらも「2歳児みたいな」姿を出さざるをえない状況が続いているのかもしれません。

5．揺らぎながら、輝く姿を求めて

■ふり返り始める4歳児

3歳児は、ほかの子どものかっこいい姿にあこがれたり、おとなの励ましに誘われて、比較的すぐに活動を行ってみて、気持ちのうえでは「大きな自分」を味わえることが多いようです。4歳児になっていくと、先に遊んでいる友だちの輪に加わる際も、何をどうやっているのかとようすをうかがうような姿も出てきます。また、本章1で紹介したように、4歳児は突然に人からほめられても戸惑ってしまい、単なる「おだて」は通じず、自分がほめられるに値することをしていたのかを考えるようになります。

神田英雄さんは、4歳児の基本的な発達的特徴として、ふり返り始めることをあげています[8]。少しずつ自分の行為自体を意識し始めますが、まだその判断の基準が整理できていない状態であり、うまくやりたいけどできない自分や、がんばりたいけどがんばれない自分を感じて、子どもなりに不安や葛藤が高まる時期でもあります。ちょっとしたコツを先生の支えで習得すると光り輝く姿を見せる一方で、友だちのようにかっこよくできないとだめだと厳しい基準を自分に課してあきらめてしまい、「こんなこと、つまらんわ」と心にもないことを言ってしまうなどと、心の揺れ動きが激しくなります。

また、ふり返る対象は人間関係や他者理解にも及び、特定の子どもが、自分たちとは異なる行動をすることに、「なんで急に怒るのか」とか「どうして部屋からいなくなるのか」と疑問を感じるようにもなります。ただ、4歳児にとって一人で理解を深めることはむずかしく、保育者がいっしょになってその理由を考えながら、「気になる子」の内面を想像してまわりの子どもたちに伝えていく必要があります。

■自分で自分を励ますことばを心に宿す

集団の中で新しいことに挑戦してできた手応えを重ね、心の揺らぎや葛藤をくぐっていくなかで、子どもたちは、自分自身を励まして、我慢したり挑戦したりする「自制心」[9]を培っていきます。もっと遊びたいけれども友だちにゆずってあげるなど、「～だけれども…する」と表現できる心の働きです。

「気になる子」の問題として、我慢ができず、すぐにパニックを起こしたり、きれたり

8　神田英雄（2004）3歳から6歳—保育・子育てと発達研究をむすぶ〈幼児編〉ちいさいなかま社.

9　田中昌人・田中杉恵（1986）子どもの発達と診断4　大月書店.

するということで、自制心の育ちにくさが取り上げられることがよくあります。そして、場合によっては「いかに、我慢を教えるのか」ということが実践課題になり、就学を前にすると、「学校の勉強が始まると、一定時間、我慢してじっと座ることが必要」とのことで、「我慢の練習」的な取り組みがされることもあるようです。

しかしながら、子どもの発達をトータルに支援する保育実践（3章を参照）においては、子ども自身がまずは安心して自分を出せる関係性や場を保障し、子どもが誇らしい自分を感じられる活動を用意し、なかまから必要とされていると感じられる集団づくりを進めていくなかで、結果として自制心を育むことが大切にされています。自制心の中心は自分で自分を励ますことであり、自分自身を励ますことばを心の中でつ

ぶやけることが重要な要素になっています。そして、そのことばは当初、温かく自分を見守ってくれるおとなやなかまから発せられたものであり、互いに共感しあい育ちあう集団が自制心の育ちには不可欠ではないかと思います。

■納得したい心

ここまで述べてきたこととの関係で、寺川志奈子さんが紹介するＡくんのエピソードは示唆的です[10]。広汎性《こうはんせい》発達障害と診断を受けた年中児のＡくんは、集団に入ることは苦手で、製作には興味はありますが、失敗への不安が強く、思い通りにならないとパニックになる子どもでした。ある製作場面で、「間違えたらどうしよう…」と言いながら手を描いて、「だめ、だめ、こんなのじゃだめだよう。こんなところにシワがないだろう…」と訴え、加配の先生に新たな紙を出してもらいます。その後も、加配の先生はつきっきりで、自分に駄目だしをするＡくんをなだめたりほめたりしつつ、何とか完成させられるように、手順を細かく教えていきます。ほかの子どもがすでに活動を終えていると、細かな助言を重ねて集団全体についていけるように、つい焦ることが多いのではないでしょうか。そんなときだからこそ、加配の先生とほかの先生方が子どもの発達課題を共有しておく必要があります。

Ａくんはまさに、自分のしていることをふり返り始めていたからこそ、先生のなだめすかしには満足せず、自分で納得できる、誇らしいものに仕上げないと気が収まらなかった

10　寺川志奈子（２０１４）障害のある子どもが仲間とともに育ち合う保育実践の検討．障害者問題研究，42，１７０-１７７．

ようだったのです。そんな状態において、ほめられるのに値するものを自分で作れるように、子どもが葛藤する時間や場をたっぷり保障する（その活動時間を長めにとるなど）ことが大切です。そして、子どもの心の揺れ動きを受けとめつつ、おとなの段取りに無理にのせないで、少しずつ順序立てて子ども自身が見通しのもてる支えを入れる必要がある（「できたかできないか」の評価ではなく、「どこがうまくいって、どこを次にがんばりたいか」といった評価を伝えるなど）ことを寺川さんは述べています。

こうした発達的な視点から、子ども理解を職員間で共有しておくと、保育者自身が焦らず、子どものペースに応じた関わりがしやすくなります。

6．だんだん変わっていく自分を感じて

■思い巡らせて多面的にとらえ始める

4歳頃より、身の回りの出来事をふり返り、「～のときは…」「～したら…になる」など判断が可能になりますが、その基準はまだ一面的で、どちらかというと○か×かと融通が利かないものです。それが、保育者からのことばかけに支えられながら、5歳頃から次

第にいろいろな場合や状況を考慮して、物事を多面的にとらえることが可能になり始めます。その一つの表れが、○か×ではなく「中くらい」などと、「間」の世界が広がっていくことです。他の人を評価する際にも、「好きか嫌いか」ではなく、「ちょっとイヤなところもあるけど、好き」とか「どっちともいえない」と微妙なニュアンスを感じて表現できるようになります。人情の機微にふれるとでも呼びたくなるような、より複雑な他者理解のようすを示して、おとなをはっとさせることもあります。

多面的な理解によるもう一つの特徴は、見た目の違いを越えて共通性を見抜いていく力です。「〇〇ちゃんは歩けないけど、自分でしたいと思っているのは同じじゃ」。年長児になると、このようなことに気づき[11]、障害のある友だちと自分たちの違いとともに、「自分の力で挑戦したい」とがんばっている点ではみんなと同じなのだということを認識するようになります。もちろん、そのためには、保育者がどの子どもについても良いところやがんばっているところを発見して、その事実をクラスの子どもたちに伝えていく取り組みが必要であるのは言うまでもありません。

障害のある子どもを理解する際、他の子どもとの違い（特性）とともに、共通性も理解することの重要性は1章4で述べました。そうした認識に5歳児さんたちも立ちうることは是非とも心にとどめておきたいことです。

---

11 白石恵理子（2006）仲間をくぐって自分をつくる子どもたち　清水民子他編　保育実践と発達研究が出会うとき　かもがわ出版．69-82．

■だんだん変化していく自分

「間」の世界が広がり、違いと共通性を認識できるようになるなか、子どもたちは自分や他者の変化をとらえる視点をもてるようにもなります。前は、うまく竹馬ができなかったけど、友だちに教えてもらい、練習していったら、今は、だんだんとできるようになってきた。こんな風に、時間軸のうえで自分や他者の変化を位置づけてとらえるようになります。そのことを心に刻んでいくことは、だんだん変化していく自分をイメージすることにつながり、「今はむずかしくても、きっと良くなっていく」というポジティブな未来への見通しを切り開いていくと思われます。

小学校に入り、新しい生活が始まり、新しい課題と向かい合っていく際、「だんだん変化していく自分」を感じられることは大切なエネルギー源になることでしょう。そのために、一つには自分自身に手応えを感じられる活動を保育のなかで用意することが課題となります。二つ目に、手応えを感じ、楽しかった経験を節目節目でいっしょにふり返ることも大切にしたいです。といいますのも、案外と、そうした楽しい経験が心に残りにくい子どもたちもいて、つらかったりイヤだった経験だけを心に残している場合があるからです。

子どもの心に何を残してあげられるのか。この視点は、単にできることを増やすということから、保育の大きな役割として考えてみたいテーマです。

だんだん
変化していく自分

7．子どもをトータルに理解するために

「気になる子」の気持ちを想像するのはなかなかむずかしいことです。それは、おとなの目からは「通常」だとあり得ないと思われる行動を繰り返すからです。「突然に友だちをたたく」、「しかも、何度同じ注意をしても、保育者の思いが通じていない」ように見える行動が続くと、その対応に追われて、行動の背後にある子どものねがいや悩みが見えなくなってしまいます。

ここまで発達のお話を進めてきたのは、一見理解しがたい行動の背後に、それぞれの時期に固有の、新しい自分をつくっていこうとするねがいを読み取るためでした。子どもの気持ちを推測するのに、この発達的視点に加えて、さらに「障害」ならびに「生活」という視点からも手がかりを得たいと思います。

■活動を制約するものとしての「障害」

「気になる子」のなかには、少なからず、発達障害のある子どもがいるのは事実です。そうした場合も含めて、障害のある子どもを理解するのに、ここまでみてきた発達プロセスとの共通性と違いをともにとらえることは大切です。「違い」としては、肢体不自由の子どもであれば、身体を思い通りに動かすことの制約となって現れるでしょう。また、自

閉症などの発達障害の子どもたちであれば、情報の整理のしにくさ、感覚の過敏さ、他者の意図の読み取りにくさといった特徴となって認められるものもあります。

これらの特徴は、子どもの発達には不可欠なあそびや学びの活動を制約し、子どもにとっては生きづらさやわかりにくさを感じさせる要因となります。そうした困難をかかえる子どもたちの内面に共感して理解していくうえで、障害の特性を理解しておく必要はあります。そして、実践場面においては、生きにくさをより感じさせず、よりいっそう遊び込み、外の世界に向かっていけるように、環境設定や働きかけ方の配慮と工夫をしていく必要があります。

他方で、「気になる子」や障害のある子どもたちも、新しい自分をつくろうとするプロセス、すなわち発達のプロセスのただ中にいることは忘れないようにしたいところです。たとえば、対人関係の成立に困難をかかえる子どもも、他のすべての子どもたちと同様に、なかまを求めており、なかまといっしょに遊ぶ楽しさを味わいたいと思い、その思いに先導されて新しい自分をつくっていきます。その点において、他の子どもと共通した発達の道のりを歩んでいるといえます。

■発達の土壌にふさわしい「生活」となっていますか?

ただ、さまざまな困難をかかえる子どもの場合、能力や機能の発達にアンバランスがあるため、自分を変えていくシステムがうまく起動しにくい状態にあります。そのため、新しい自分をつくりあげるのに、エネルギーを要して、行動上のもつれが生じやすくなっています。そこで、教育や保育においては、子どもの発達理解に裏づけられた、楽しい活動を用意して、活動に向かう意欲を眠らせず、毎日の生活において子ども自身がまわりの人や物に積極的に働きかけていける工夫が必要とされます。

子どもが自らを変えていくためには、それにふさわしい生活が整えられている必要があります。逆に言えば、子どもの「困った行動」の原因として、子どものねがいや悩みに応えるおとなの対応ができていなかったり、発達の源になるあそびをたっぷりとできていなかったりするなど、子どもが主人公になる生活が用意されていないことがあります。つまり、子どもの行動の原因は、その子自身の側にあるのではなく、保育環境の側にある場合もあるのです。

「Aくんが課題に集中しないのは、彼の持って生まれた特徴」などと、その子の障害特性にだけ目を向けた解釈がなされることがありますが、子どもの生活のありように目を向けて、思わず没頭してしまう題材を保育の側は用意できているだろうかと問い直したいと思います。3章では、子ども理解から保育実践へと話を進める際、この視点を意識して、「気になる子」への取り組みを通して、それまでの保育を見直すチャンスであることを述べていきます。

「気になる子」の生活を見返す

12　ＡＤＨＤは、①不注意（気が散りやすい、よく忘れる等）ないしは②多動性／衝動性（じっと座っていられ

8.「障害」の特性

「障害」の特性を知ることには、自分とは異なる感じ方や見え方を想像するという意義があります。視覚障害の方が街中でどのような生活のしにくさを感じているのかを、アイマスクなどで擬似体験する、といったことをされた方もおられるかもしれません。当事者が生きている世界を感じることは、短時間ではとても困難なことですが、常に意識的に想像してみる必要があります。いわゆる「発達障害」と総称される、脳の器質的障害に起因する、認知機能に関わる障害の場合、「気になる行動」の背後にある障害が見えにくいため、よりいっそうていねいに、子どもたちの内面世界を想像してみたいものです。

発達障害は、自閉症スペクトラム障害、注意欠陥多動性障害（ＡＤＨＤ[12]）、学習障害（ＬＤ[13]）といった医学的カテゴリーで区分され、診断されます。それぞれの障害には、診断の根拠となる複数の特徴があり、多くの発達障害に関する本ではそれらの特性が列挙してあります。ただ、ある子どもが自閉症スペクトラム障害と診断されても、その障害の特性をすべて有するわけではなく、あるいは他の障害の特性を部分的にもつこともあります。そこで、ここでは障害種ごとに説明するのではなく、「気になる行動」の背後にある見えにくい特性を理解するヒントになる特徴をいくつか見ておきたいと思います。

ない、順番が待てない等）といった特徴が、12歳までに2か所以上の場面でみられる障害です。行動をコントロールしたり、段取りよく遂行したりする認知機能に障害があるとされています。

13　ＬＤは、聞く、話す、読む、書く、計算する、または推論する能力のいずれかの習得に困難をもつ障害であり、学習活動が始まる学齢期に障害の診断が確定されます。ただ、就学後にＬＤと診断を受けた子どもの中には、幼児期から、身体や手指活動の不器用さなど「気になる行動」が指摘されることもあり、認知発達のアンバランスさが想定されています。

■情報の整理がむずかしい

私たちは、いろいろな情報に取り囲まれて生活しています。教室のなかで椅子に座っているだけでも、目からは先生や友だちの動き、掲示物や本棚に並んでいる本に関する情報が、耳からは人の話し声だけではなく、エアコンの音、外の自動車のクラクションなど無数の情報が入ってきます。また、給食のにおいや室温も感じているでしょうし、服が肌に触る感じや、おしりが椅子に接する重みも身体は感じています。私たちは、それら数多くの情報に同時に意識を向けることはしないで、情報を取捨選択して整理することで、無用な混乱をしないですんでいます。だからこそ、騒音の激しい野外においても、人と会話をすることができるのです。

そうした情報の整理がうまくできない子どもの場合、一つの情報に選択的に注意を向けるのがむずかしく、同時に不要な情報まで脳に送られてしまいます。結果、目に入るものに次々と注意が向いてしまったり、情報過多で心が落ち着かない状態になったりと、こうした特徴をもった子ど

もにとっては、身の回りの世界は不安を喚起する根源となります。

子どもの具体的な姿に学びながら、保育環境を子どもの目線から見て理解しやすく整理したり、わかりやすいことばかけを心がけていきたい[14]と思います。

■感覚の過敏さ

子どもによっては、人と違う感覚をもっていて、私たちにはささいなことと思われる刺激に非常に敏感に反応してしまう場合があります。他人から触れられると、ぞくっと不快に感じたり、水しぶきが不意にかかると痛みに近い感覚を覚えるといったこともあるようです。前記の情報整理の問題とも重なりますが、耳から入ってくる複数の情報が同時にどんどん押し寄せて、いたたまれなくなる子どももいます。

あるいは、味覚の過敏さがあって、初めての食材や、もとの原材料が見た目ではわからない形で調理されたものなどを、過剰なまでに区別して、不安が非常に高まり、口にすることができない場合もあります。「偏食」と呼ばれているものの中には、単に好き嫌いの域を越えて、このような味覚や、嗅覚や触覚の過敏さによって引き起こされているものがしばしばあります。そうした場合、嫌いな食べ物に無理矢理に慣れさせるという荒っぽい対応はもってのほかで、まずは食事場面を、安心できる人とともに過ごす楽しい時間としつつ、過敏さを共感的に受けとめた関係づくりが求められます。

14　たとえば、友だちとのおしゃべりに夢中になって給食が進まない子どもに、「早くご飯を食べないと、外で遊べないよ」などと声をかけがちですね。この「～しないと、～できない」と否定形が続く文章は、情報処理的にけっこうむずかしいものです。「早くご飯を食べよう。そうしたら、外でいっぱい遊べるよ」と、ポジティブな方向で言ってみると、わかりやすいというだけではなく、気持ちも前向きになれますね。

もとの食材がわからないと不安を感じる場合……

■自分の気持ちや行動をうまくコントロールできない

「気になる子」のなかには、自分の気持ちや行動をコントロールできず、衝動的に動いてしまう子どもたちがいます。おもしろそうなおもちゃや、おいしそうなお菓子が目に入ると、思わず手が出たり、身体が動いてしまうのです。あるいは、友だちが自分のおもちゃに触りかけたとたんに、その訳を考える前に、衝動的に相手を突き飛ばしてしまうなどということもあるかもしれません。

そうした傾向は、幼児期、とりわけ2、3歳頃までですと、大なり小なりどの子にもみられるものです。ただ、ふり返る力を身につけ始めると、多くの子どもたちは、身体が動き始めたところで自分の行動を抑制したり、心の中のことばの力を借りて自らを律したりできるようになっていきます。気持ちや行動のコントロールがむずかしいとされる子どもは、そうした心の働きより、衝動性が優勢である状態が続きやすいという特徴をもっていると言えます。

しかしながら、そうした特徴をもつ子どもたちも、自らをふり返る力を備えていきます。すると、衝動的に友だちをたたいてしまっても、「しまった」「また、やってしまった」といった感情を示しているはずです。こうしたコントロールのむずかしい子どもの場合、保育者は「イヤなことがあっても、友だちをたたかない」などと同じ注意を繰り返すことが多く、「またなの！」と叱責してしまうのですが、実は子ども自身が一番にそのことを痛感しているのです。自らをふり返り始めるという発達の道のりにおいて、子どもは、悪い

バシ
わーん
あちゃー
やっちゃった…
どうしてまた手をだすの！イヤなことがあっても友だちをたたいちゃダメでしょ！
う〜〜わかってるんだけど〜〜
悪循環
どうせ ボクは ダメなんだ…!!
この悪循環をたち切るために…
手を出して悪かったと思ってるんだね
ほんとはいっしょにあそびたかったんだね
うん うん
つぎはたたかないようにする
本人が一番わかっている

ことだとわかっていることを、思わずしてしまうという悩みを抱くことになるのです。そんな自分は悪い子だと思わせないよう、「しまった」と気づいた心の動きに共感しつつ、本人なりにコントロールしようとがんばっているプロセスを認めていくことが大切になります。

■人の気持ちや意図が読みにくい

対人関係が取りにくいというと、話しことばがなかったり、少なかったりする場合をイメージされることが多いと思います。他方、おしゃべりはできているし、おとなの指示もわかっているようなのに、うまく会話が成立していない、あるいはこちらの意図が通じていないという子どももいます。

私たちは、相手の気持ちや意図を理解する際、ことばだけではなく、表情や身ぶり、視線、あるいはその場の状況を瞬時に読み取りながら、コミュニケーションを図っています。たとえば、窓を閉め切った部屋において、窓際に座っている際、下敷きであおぎながら友人に「暑いね」と言われたとき、私たちは「窓、開けようか」と尋ねて窓を開けます。「暑いね」と言われて、「そうだね」と返答するのは文法上は正しいのですが、相手の意図に応えたことにはなりません。日常のコミュニケーションには、こうした言外の意味をくみ取って成り立つものが多く含まれているのですが、その読み取りにむずかしさがある子どもがいるのです。また、そうした子どもたちがより幼い時期、表情や感情を理解するのが

「力を合わせる」って、どういうこと？

力と力をくっつける！

困難で、友だちが嫌がったり泣いたりしても、その友だちを抱き続けたり、髪の毛を引っぱり続けたりするといったこともあるようです。

対人関係が取りづらいからといって、なかまを求めていないわけではありません。そうした子どもたちも、他の子どもたちと同様に、なかまと関わり合うことを願っています。その事実はしっかり受けとめて、意図を直接わかりやすく伝える工夫をする一方で、友だちと楽しく関わるための具体的な方法を伝える配慮も必要となります。また、そうした取り組みの前提として、自分も楽しい、なかまも楽しいというあそびを日々の保育でたっぷり味わうことは保育の原点ですね。

■感覚と運動を調整しながら活動するむずかしさ

私たちの活動は、見たり聞いたりする感覚の働きと、両手両足の動きをうまく組み合わせて調整しながら行われます。たとえば、製作活動では、手に持ったビーズを見ながら紐を通したり、一方の手で紙を、他方の手ではさみを持ちながら相互にうまく調整して形を切り取ったりします。目と手の協応や、両手の協応、手と脚の協応は、乳児期の運動発達にとって欠かせないものですが、幼児期になると、日常的な生活動作、製作活動や身体活動などにおいて、一つのまとまりのある活動を行うのに、よりいっそう複雑な協応が必要となってきます。

子どもによって、その程度や内実は異なりますが、いくつかの働きの調整や協応においい

きちんとしないのは、もしかすると……

てむずかしさを感じている場合があります。子どもの姿を見ながら、使う道具を使いやすいものにしてあげたり、学習の手順をわかりやすいものにしてあげるなどの配慮が必要となります。

また、子ども自身が苦労を感じている課題を前に、わざとふざけて逃げたり、先生の説明を聞かずに自分勝手にやったり、パニックを起こしたりと、おとなからするとちゃんとしようとする意欲がない姿がでてくることもあります。表面的な行動に惑わされず、その子が人知れず苦労しているのではないか、その子の本当のねがいは何かを知り、子どもの苦手さを補う支えを入れてあげたいところです。

子どもの見方が変わることとは、「気になる子」が変わる最初の一歩です。ここで述べてきた、子ども理解を深める視点が、少しでも子どものねがいや悩みに近づくきっかけとなれば幸いです。次章では、そのように子どもを理解したことを、どのように日々の実践につないでいくのかについて考えてみたいと思います。

第3章

「かけがえのない自分」を感じるとき

——子ども理解から保育実践へ

1．子ども理解から保育実践へ―関係論と活動論の視点から

■行事前や忙しいときに限って…

今までしていたあそびを終えて、活動を切り替えるのがむずかしい子どもはいないでしょうか。友だちはすでに給食を食べているのに、園庭で遊び続け、無理に連れ戻そうとすると、大変な剣幕で怒ってしまう。特に運動会などの行事前、あるいは朝、うちを出る前の忙しいときに限って、次の活動に向かえないで一悶着を起こしている。そうした点で「気になる子」です。

ここでは、この「切り替え」問題を取り上げて、前章の子どもの理解と、保育実践をつなぐための視点について考えてみたいと思います。

■子どもが切り替えるための支えか、子どもを動かすテクニックか

「気になる子」対応本や特別支援教育の本を見ますと、切り替えにくさの原因として、次の活動を見通すことに何らかの困難があると考えて、あらかじめその日の予定表を視覚的に確認したり、個別に次の活動を予告したりすることが推奨されています。あるいは、その活動の終わりを時計の針の位置で確認したり、活動の区切れが認知しにくい特性を考慮して、タイマーのアラームで終結を知らせる方法が紹介されたりもしています。

次の活動の楽しい見通しをもたせてあげるのは大切なことですが、おとなの都合で子どもを効率よく動かすテクニックを、子どもの生活に導入したくはありません。そうならないために、事実・実態に基づいて、子どものねがいと悩みを想像する営みはいつも継続したいと思います。また、子どもが自ら見通せるための支えとして、発達的に何が妥当なのかは吟味したいところです（活動予告一つとっても、ことばで伝える、次の活動に必要な教材を準備する、友だちの姿が見えるようにする、あるいはそれを見るように指示するなど、子どもの発達課題によっていろいろなバリエーションがありますね）。あわせて、それぞれの関わり方の保育的価値も、子どものねがいや悩

み、発達的力量を考慮しながら考えたいことです（「タイマーで制御された幼児の生活って、何だか変だよね」など）。

■活動の盛り上がりに注目してみると…

子どもの内面に寄りそいながら保育実践を築く立場から、「切り替え」問題に大切な視点を提供されているのが、浜谷直人さん（首都大学東京）と江藤咲愛さん（公立幼稚園）です[1]。その内容を一部ご紹介します。活動の盛り上がりということに注目すると、図1のような時間的な変化がイメージできます。A時点では、活動が楽しくなり始め、これから盛り上がろうとしている途中ですので、ここで終了を告げられれば子どもは当然不満を覚えるでしょう。むしろ、「もっと遊びたい」とおおいに抵抗してほしいところです。活動が頂点に達したB時点でもまだあそびを続けたいと思うでしょうし、活動がしぼんだD時点では子どもの集中力は欠け、疲れも出てきて別のトラブルが生じかねません。そこで、活動のピークを越えてしばらくしたCゾーン（一定の時間幅がある）あたりであれば、子どもは無理なく切り替える気持ちになる、という提案をされています。

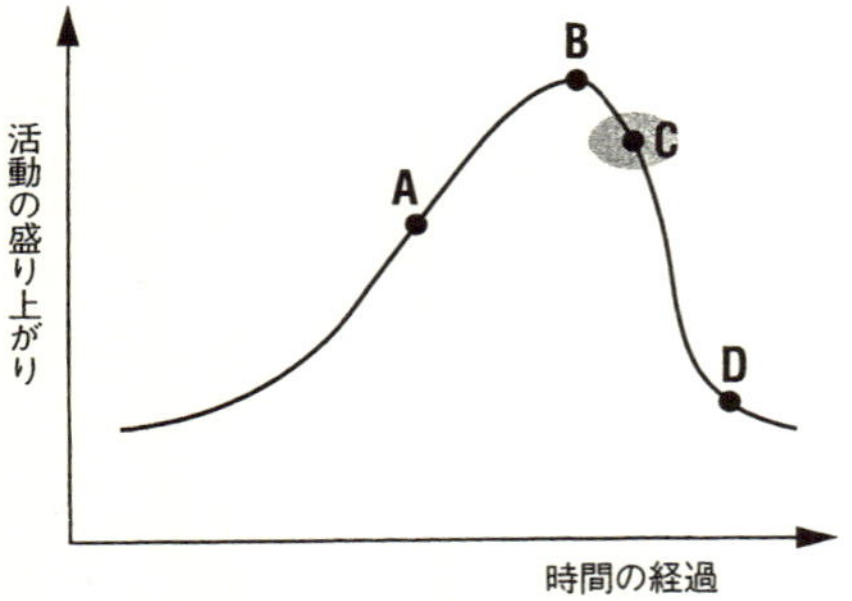

図1　活動の盛り上がりと切り替え時点（時間帯）
浜谷・江藤（2015），p.12

1　浜谷直人・江藤咲愛（2015）場面の切り替えから保育を見直す　新読書社．

そして、江藤さんは、このゾーンにおいて、子どもが遊びきった充足感とともに、また明日もより楽しく遊びたいという期待感をもって切り替えができるため、いろいろな実践的な工夫をしています。まず、子どもといっしょに遊び、あそびの盛り上がりを実感して、場合によっては楽しさを高めるための関わりも加えます。Cゾーンに入ってきたことを見極めると、明日の保育につなげる働きかけもします。すなわち、活動の充実感や、うまくいかなかった悔しさを子どもの声として拾い、明日の活動につながるような声かけをしたり、片づけるものとその場に残すものを吟味します。こうした配慮に、「保育のプロ」としての仕事の一端を垣間見る思いがしました。

■その子は本当に「切り替え」が弱いのか?

さて、切り替えがむずかしいとされる「気になる子」の場合、その背後にある問題はいろいろだと思いますが、浜谷さんと江藤さんの提案を受けて、今一度考えてみるべき点に気づかされます。それは、活動が盛り上がり、遊び込めていたかということ。

図2には、浜谷さんらの図に、切り替えがむずかしいとされる子どもについて一つの可能性を私の方で書き入れてみました。この子どもの場合、活動が盛り上がり、遊び込む状態になるのに時間がかかることを示しています。いわばスロースターター(出足がゆっくり)の子どもといえます。すでにクラスのなかまがひとしきり遊び、そろそろお片づけしようかというところで、ようやく活動やあそびがおもしろくなってきています。そこで、

この子どもに他児と同じように、次の活動に移ることを促しても、「だめ！　まだまだ」と言うでしょう。子どもの立場に立てば、こんな中途半端な終わり方に強く反発するのも、当たり前というもの。その正当な主張に対して、「なんて、切り替えができない子なんだ」とレッテルを貼ってしまうのは、あまりに理不尽です。

　スロースターターである理由は、それこそ活動の種類や前後の文脈などていねいにふり返って探りたいところです。活動の仕方がわからない、わかるけれどもうまくできないということもあるでしょう。あるいは、日課を詰め込みすぎて、エンジンがかかりにくい子どもには活動の時間が短すぎたのかもしれません。また、「気になる子」のなかには、家庭のいろいろなしんどさがあって、朝の登園が遅れたり日中の活動を休んだりすることが重なり、活動の醍醐味を味わえていなかった経緯もあるかもしれません[2]。

　切り替えができないのではなく、こうした理由からスロースターターにならざるをえなかったと見えてきたとき、子ども理解は深まり、保育の手立ては大きく変わります。

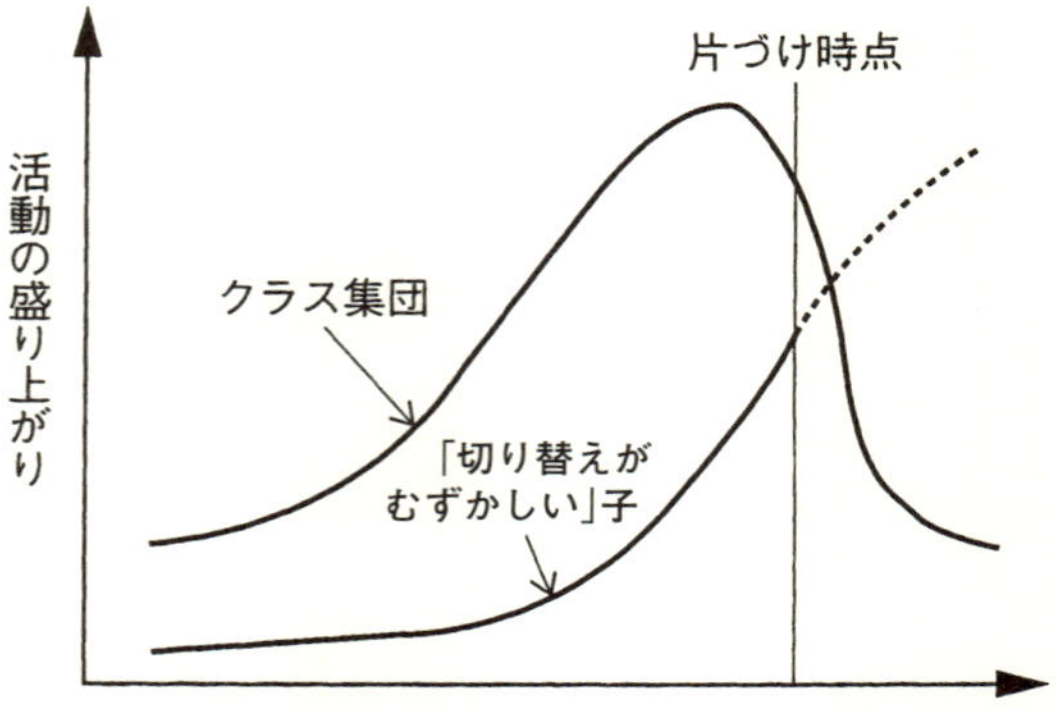

図2　「切り替えがむずかしい」とされる子どもの一つの可能性

2　「切り替えのむずかしさと見えている問題が、実は活動の盛り上がりに時間がかかっていた」とする仮説は、あくまでも一つの可能性です。くどいようですが、子どもの事実・実態に即して、具体的な事例ごとに検討してください。

■保育を考える視点―関係論と活動論

実践的な子ども理解を深めて、保育の手立てを考える際、ここでは二つの視点を意識してみたいと思います。それが、関係論的視点と活動論的視点ということ（これは説明の都合上、私が便宜的にネーミングしたものですので、心理学・保育学の文脈で使われている用語とは必ずしも重なりません）です。前者では、子どもたちとどのような関係を築き、いかに関わるのかということが主に問題となり、後者ではどのような活動を準備して、いかに日々の日課を組み立てていくのかといったことが検討対象となります。

さらに、関係論的視点には、力点の異なった二つのスタンスがあるように思われます。一つは、江藤さんのように、子どもといっしょに遊び込み、子どもに共感しながら、子どもと充実した時間を過ごす関わりを模索するものです。子どもが安心して保育者と関わり、あるときはあそびなかまとして、またあるときはあそびのリーダーとして振る舞うなど、子どもと心底ふれ合える関係性を求める保育的関係論とでも呼びうるスタンスです。もう一つは、「どんなことばをかけたら、切り替えがうまくいくか？」とハウツー的な対応を求めるスタンスです。このハウツー的関係論では、それぞれの子どもの特性に応じて、わかりやすい具体的な対応策が提案されることになります。

このように整理してみると、昨今、「気になる子」に対する支援について流布しているものは、ハウツー的関係論的なスタンスに基づいたものが多いことがわかります。その解答の一つが、タイマー利用などの具体的なハウツーであり、多くの保育者がそうした方法による改善に期待しつつも、どこか子どもを効率的に操作するテクニックに違和感も覚えているのではないでしょうか。それに対して、江藤さんのように、子どもの内面に共感しつつ、子どもの充実感を増すための関わり方を考える保育的な関係論的視点は、特別支援教育・保育という文脈で、もっともっと強調したいものです。

■活動論的視点から保育を見直す

再び、図2のスロースターターの子どもに目を向けてみます。そもそも、活動が本人にわかりにくいとか、活動する時間が短すぎるといったことが問題なのであれば、「切り替えにくい子どもにいかに関わるのか」という関係論的視点だけでは対応できません。いまだCゾーンに入っていない子どもに、その場でいくらことばをかけても、本人の充足感は感じられないでしょう。その子もいっしょに楽しめる活動はどんなものなのか、どうしたらそのおもしろみが伝えられるのか、どれくらいの時間を設定して取り組めばいいのかなど、まさに活動論的な視点から検討して改善すべきことは多くあります。

「気になる子」や障害のある子どもの保育で、この活動論的な視点は案外と忘れられやすいものです。ときどきは、活動の内容や種類、日課のあり方などをふり返ってみると、支援の必要な子どもだけの問題ではなく、保育全体を見直すきっかけとなるのではないでしょうか。たとえば、「行事前に限って」切り替えがむずかしい子どもが登場するのは、知らぬ間に日課が過密になっている証拠、といったように…。そんなとき、1章で述べてきたように、「気になる行動」が起こったときや起こらないときを記録し、その前後の活動（具体的にどんなあそびをどのように行ったのか、日課の具体的な流れなど）を詳しく思い出してみることが、活動論的な問いかけの第一歩となるはずです。

また、活動論的視点などと、いささか大げさなネーミングをしてしまいましたが、保育者の皆さんは日々の保育で気をつけておられるものだと思います。たとえば、1、2歳クラスでは、お散歩の行き先や、そこへの行き方を、子どもの発達や保育経験、ならびに保育者のねらいを総合して決定されていると思います。「散歩」という活動のあり方を、保育者なりの意図でいつも見直しているのではないでしょうか。そうした視点や発想を「気になる子」や障害のある子の保育においても、もっと活用することが、より保育としての専門性の高い支援になるはずです。

2.「誇らしい自分」を感じるとき

■「切り替え」の主語は誰？

前項では、「切り替え」問題を例に、子どもといかに関わるかという関係論的な視点だけではなく、あそびの盛り上がりといった活動論的な視点で保育を見直す必要性を述べました。それは、「いかに子どもの行動を切り替えさせるのか」というハウツー的関係論への違和感が出発点になっていました。もう少しことばを添えてみます。「子どもの行動を切り替えさせる」と言うと、その主語は保育者です。とすると、保育者が子どもの行動を効率的に統制して子どもをうまく動かすことが優先され、子どもが自らの行動を自分の力で切り替えていくプロセスが軽視されることになりかねません。

活動や日課は、おとなが切り替えさせるものではなく、子ども自身が切り替えるものなのです。

■発達は「新しい自分をつくっていく」プロセス

発達というのは、子ども自身が新しい自分をつくっていくプロセスだと私は考えています。安心した心持ちでいて、なかまの姿にあこがれつつ、心置きなくたっぷりといろいろな活動に参加し、さまざまな感情に彩られた経験を重ねて心を耕していく。そうした結果として、新しい世界の見方、関わり方、感じ方を自ら身につけて、「かけがえのない自分」を確かなものにしていく。そんな風に発達をイメージしていますので、「切り替え」の主語問題にもついこだわってしまうのです。

子ども自身が「新しい自分をつくっていく」プロセスとして発達をとらえることは、保育の役割を軽視するものではありません。「切り替え」の例で言えば、子どもの遊び込み状態を体感して、あそびの内容や導入の仕方を吟味して改善したり、日課のあり方を見直すなど、「保育のプロ」ならではの工夫と配慮がたくさんあるはずです。

このように子どもを主体にして発達をとらえることは、子ども（あるいは人間）がもつ、自ら変わっていく内的な力を尊重することでもあります。本書のタイトルを「『気になる子』を変えるとき」ではなく、「『気になる子』が変わるとき」としたのも、子どもの発達への信頼を言い表したいというねがいがあります。ただ、子どもの変化が私たちの目には見えにくいとき、その信頼が揺らぐことがあります。そのため、1、2章において子ども理解のお話を中心にしてきたのです。

■「かけがえのない自分」が感じられるとき

「気になる子」が変わる最初のきっかけは、おとなの子ども理解が深まるときでした（1章）。続いてのきっかけは、さまざまな実践的な工夫のもと、子どもたちが「かけがえのない自分」を感じられる生活を過ごすことにあるのではないかと考えています。ただ、「かけがえのない自分」と言いましても抽象的ですので、「今、ここにいる自分」が無条件に尊重されているか、「誇らしい自分」や「必要とされる自分」がなかま集団の中で感じられているかという点に留意して、今後のお話では保育場面での子どもの姿を見ていきます。

ここでは、まず「誇らしい自分」に焦点をあてて考えてみましょう。

■Yくんの突然の変化

高知の保育者、国沢マキさんは、二〇〇七年〜〇九年の三年連続で、全国保育団体合同研究集会「障害のある子どもの保育」分科会ですてきな実践を報告されました[3]。国沢さんが4歳児から受けもったYくん（自閉症）は、食事中に「おいしいねぇ」と声をかけたとたんに、椅子に座ったまま後ろにひっくり返るなど、日に何度もパニックを起こしていました。保育園がYくんにとって楽しい場となるように、加配の先生とともに、パニックになったYくんを受けとめつつ、ていねいな実践をされていきます。そのなかで、Aちゃんという少し幼さの残る女の子がYくんに関心をもち、YくんもAちゃんを受け入れ、トイレにいっしょに行く姿が増えていきます。夏のある日、クラスのみんなが飛び降りあそびをしているとき、Yくんが突然入ってきて飛び降りをしました。それまでそんな場面がなかったためでしょう、一同驚きとともに「すごーい」と感嘆の声。それは他の先生にも広がり、みんなに見守られながら、彼はうれしそうな表情で「もういっかい」と言っては何度も飛び降りをしました。数日後には、跳び箱と踏み板を使って跳んでいる他児のあそびに、Yくんも参加し、子どもたちが踏み板の位置を調整しながら挑戦するようすも確認されています。

5歳児になると、Yくんはよりいっそう友だちの活動を取り入れることが増え、クラスのなかまもYくんのがんばりを自分のことのように喜ぶ姿が多くなっていきます。そして、運動会や卒園式では、Yくんは気持ちの崩れをなかまの支えで立ち直らせるという、

3 第39〜41回全国保育団体合同研究集会要綱参照。また報告された実践は次の形でもまとめられています。
国沢マキ（2014）子育て支援・障害児支援における保育所の役割 障害者問題研究、42（3）、26-31.

「誇らしい自分」を感じるとき

「感動のドラマ」を保育者も保護者も味わったのでした。

■「もっと」やりたい手応えのある活動

Yくんは、「もういっかい」と言っては、飛び降りを繰り返しました。「もういっかい」ということばは、その時期に、先生方が初めて聞いた「ことばらしいことば」だったそうです。なかまや多くの先生に「すごーい」とほめられ、Yくんは良い気持ちだったでしょう。また、飛び降りができたこと自体が彼にはうれしく、きっと自分なりの手応えを感じていたのではないかと思います。単にほめればいいというものではなく、「子ども自身が賞賛に値すると思える活動」（1章2）に出会い、手応えを覚えるとき、子どもは「誇らしい自分」を感じられるのではないでしょうか。

パニックを起こしやすい子どもを前にすると、我慢することを覚えさせるといった課題がでやすいように思います。でも、「もういっかいやりたい」「もっと遊びたい」と思えるあそびが乏しい場合が案外とあるようです。「もっと」したいと思えるあそびを通して、「誇らしい自分」を感じることは子どもが変わる大切な契機となっていると思います。

■「突然」に子どもが変わる理由

国沢さんの報告を拝読していますと、Yくんが「突然、～するようになった」という記述がよくなされており（他の事例についても）、そうした突然の変化を「不思議なこと」

と形容されています。「子どもが変わるとき」というのは、こんな風におとなの目には劇的に映る変化が急激に起こることはしばしばあります。ただ、それは奇跡的なものではなく、私たちには直接見えない、子どもの内面において、着実に大きな変化をもたらす準備は整っていたのではないかと思います。

国沢さんらの実践は、そうした内面での変化を支えるものだったと思います。一つには、パニックの起こりやすい場面をよく分析して（排泄を我慢して不快な状態が続いているときなど）、Yくんの生きにくさを想像しつつ、それへの対応も含めて徹底して彼に寄りそっていることです。「寄りそう」ことは、ただ子どものそばにいることではありません。1章でも述べたように、子どものねがいや悩みを事実に基づいて想像してみることから始める必要があります。その大切さを、国沢さんの実践から教えていただきました。

二つに、Aちゃんという友だちとの関係は当初、偶然的なものだったかもしれませんが、なかまとつながり、なかまを求める気持ちを育てようとされています。それは、友だちのしていることにあこがれ、互いに肯定的なまなざしを向けあうクラス文化と、うまく結びついていています。

実践的な努力によって、保育園が安心できる場として感じられ、好きな友だちを経由して他の友だちのしていることが魅力的に見え始めたとき、Yくんは新たなものに挑戦し、その姿を自他ともに認めることで「誇らしい自分」を確かに感じていったのでしょう。

人は自らを誇らしく思ったり、自己肯定感をあげるために、他者と自分を比べて、他者

「誇らしい自分」は他者との関係に支えられて育つもの

をおとしめたり見下したりして、自分を高めたかのように感じることもあるようです。他者との競争的な敵対関係で、自らの優位性を顕示することは、いつも不安な気持ちが伴うのではないでしょうか。それに対して、Yくんへの実践を通じて、「誇らしい自分」は他者と安心した関係のもと、他者にあこがれ、他者からも応援される関わりの中で育まれるものであることを強く印象づけられます。

3.「わかる」と「考える」という視点から活動を考える

前項では、「誇らしい自分」を感じるための関係論的な基盤、特になかまと共感的につながりあう関係が大切であることを述べてきました。それに加えて、さらに保育において、手応えを感じ誇らしく思える活動に関しても配慮が必要です。具体的には個々の発達状況に即して考える必要がありますが、子どもが「わかる」活動と「考える」活動という二つの視点から留意事項をみてみましょう。

■「わかる」活動になっていますか？

日々の保育における活動を用意するのに留意したいのは、子どもにとって「わかる」活動になっているかということです。毎日の生活の流れ、あるいはイメージやルールを介在させたあそびにしろ、複雑な手順を含んだ製作にしろ、子どもによってはわかりにくい内容である場合があります。わからない世界に向かって、主体的に立ち向かうのはむずかしいことです。

ちょっと、いきなり異国の地で、まったくわからないことばでまくし立てられている場面を想像してみてください。何かあれこれと指示をされているようだけども、その内容がわからないと、冷や汗をかきながら愛想笑いをするしかない。それは極端な例としても、私たちおとなも、わからないことを前にすると、楽しめませんし、たじろぐことも多いでしょう。

またさらに注意が必要なこととして、ことばでのやりとりが一定できる子どもに対して、おとなは「この子はわかっている」と思いがちになります。ある子ども（4歳児）は、「きょうぎりこん（協議離婚）」などとむずかしいことばをおとなに発して関わる一方で、言い訳にならない理由を言っては、新たな課題に挑戦しないことを、保育者は意欲の乏しさとして問題にしていました。「この子はわかっているはずなのに、やろうとしない」ことが問題にされたのです。ところが、4歳児の自分のクラスで長めの絵本が始まると、その場からいなくなるのに、出向いた先の1、2歳児クラスで「ノンタンシリーズ」はよく見聞きしている、などという姿もありました。この子の場合、おとなの評価とは裏腹に、あそびにしても製作にしてもわかっていないことが多く、どこがどのようにわからないのかを見極めて、ていねいに支えを入れてあげることで活動への参加が大きく増えました。

子どもたちはわからないと、活動への参加そのものを拒否することがあります。あるいは、わからないことを避けるために、ふざける、勝手に自分流のやり方をする、すぐにおとなに頼るなど、不適切な対処方法を学んでしまっている場合もあります。そんなとき、活動そのものやその提示の仕方が子どもにとってわかりやすいものかどうか、ふり返ってみたいと思います。

■「生活の主人公」になるための工夫

しんちゃん（仮称・ダウン症）は、0歳児より保育園で過ごしていた子どもです。3歳のお誕生日を迎える頃、歩行をはじめ全体に自分でできることが増えてきたのですが、生活のいろいろなところでトラブルが続発していました。たとえば、お散歩に出る前に一悶着あり、あるいはお散歩の途中で座り込んではなかなか動いてくれないなどということがありました。クラスの先生方は、しんちゃんにとって「お散歩」がわかりにくく、見通しが持ちにくいものになっているのではないかと考えるようになります。そんなとき、散歩先の土手にたまたま落ちていた段ボールを使って、土手滑りをしてみると、これが子どもたちに大受け。しんちゃんもクラスのなかまの楽しそうな姿に惹かれて、土手滑りが楽し

くなっていきます。「これだ！」と思った先生方は、散歩先での土手滑りを一大ブームにして、散歩という活動に楽しい見通しを持たせたのです。お散歩に出かける少し前には、帽子やリュックとともに、段ボールをさりげなく、子どもの目につくところに並べ、しんちゃんも含めてすべての子どもがお散歩への期待を高め、しんちゃん自身、自ら主体的にお散歩に向かうことが増えたといいます[4]。

土手滑りという偶然の出来事を、子どもにとって必然性の高い活動として日々の実践に組み込んだ点に、「保育の専門性」を感じた次第です。そして、しんちゃんが、おとなから一つひとつ指示されて動くのではなく、文字通り「生活の主人公」として活動できるように、段ボールというアイテムを事前に配置するなど、わかりやすくする工夫にも「保育の専門性」を強く感じます。

日々の子どもの何気ない姿から学びつつ、子どもが主体的に活動できるように、保育環境、活動のありようなどを改善したり調整したりすることは、多くの保育者が

4　しんちゃんの変化の発達的意味については、拙著『子どもの発達に共感するとき』（全障研出版部）もご参照ください。

されていることと思います。初めてルールのあるあそびを導入した際、ルールの理解の個人差があれば、どの子もが楽しめるようにルールの改変をすることなども日常的にされていることでしょう。こうした保育的視点は、「気になる子」や障害のある子どもの保育においても、よりいっそう生かしていくことができます。

現在、「気になる子」や障害児への支援方法に関して紹介されている多くのものは、スケジュールの視覚化など、子どもにとって生活や教材をわかりやすくする支援技術といえるでしょう。特別支援というと、そうした専門書に書かれたことを適用することで、通常の保育とは一線を画するものという向きがあります。しかしながら、子どもがわかる生活にするための工夫は、これまでも保育でも大切にされてきたことですので、子どもの姿から学び、生活ならびに活動のあり方や内容をふり返って調整していく保育実践的視点は、特別支援の文脈でも堅持していただければと思います。

その際、そこでなされる実践的な工夫は、子どもを都合よく操作するためではなく、子どもが主人公になるためのものであることは忘れないようにして…。

■子どもが「考える」活動になっていますか?

二つ目に、子どもが自分なりに「考える」活動となっているかもふり返りたい点です。「わかりやすさ」の追求は大切ですが、油断すると、子どもが自分で考え、悩み迷いながら判断する余地を奪ってしまう可能性もあります。前回からの「切り替え」問題でいえば、絵カードでの日課の提示はわかりやすいですが、子どもの内面の育ちからみて、次の活動を自分で悩み考えることが課題になっていく子どももいるはずです。本人が考える過程をくぐるからこそ、ある課題を達成したときの手応えは大きくなるはずです。

ここでは、「考える」ということばについて、何か概念的なことを頭の中で思考するという意味だけではなく、「〜ではなく…だ」と選んだり、「さっき〜したから、次は…してみよう」と修正したりするなど、行動の仕方を自分なりに迷いながら考え判断する、主体的な心の働きを「考える」と総称しています[5]。

自分なりに迷いながら考え判断して、主体的に生活することは1歳児クラスから始めることができます。そのことは、神田英雄さんが紹介している、二人の保育者（志津光子さん、伊藤弘子さん）が五年の間隔を置いて1歳児クラスをもった二つの実践からわかります[6]。最初に1歳児クラスを担任した際、特に日課の変わり目で子ども同士のトラブルが多く、それを乗り越えるために、散歩の楽しさを追求する実践をされたのでした。それは1歳児にとっての散歩のおもしろさを深めた保育だったのですが、その子どもたちが幼児となり、友だちの話を聞いている集中力が育っていなかったり、なかま同士のぶつかり合いが多すぎる現実を前に、自分たちの保育を見直されます。

二人が再び1歳児クラスを持った際、新たな思いで保育に取り組みます。以前の実践はトラブルを未然に防ごうと、保育をスムーズに流すために保育者だけがくるくると動いていたのではないかと気づき直し、活動の切り替えが子どもの心に落ちて、（ここでの私の

5　私の息子R児は、2歳8か月のとき、次のような文脈で「考える」ということばを初めて使いました。「私が仰向けで寝て膝を立て、そこをすべり台のようにしてRはすべって遊ぶ。私が疲れてきたので、止めさせようとすると、『チョットマッテ』と言い、一瞬間を置いてから『カンガエタンダヨ』と言いながら、先ほどとは反対の向きから私の膝に登ってくる」。問題を考えるという意味での思考はしていませんが、子どもなりに自己判断や自己決定しているのは確かであり、2歳児においてそのプロセスを言語的に自覚し始めていると言えるのではないかと思います。

表現を使えば）子ども自身が「考えて」いけるようにと、ゆったりと時間をとるようにされたのでした。

たとえば、お布団の山でひとしきり遊んで、他のあそびに気持ちが向いている子どもが出始めたという場面において、五年前の二人なら、次に予定している活動で使うものを子どもの目の前に出して、そちらに気持ちをそらせる方法をとっていただろうと言います。ところが、先のような見直しをした二人は「さあ、おしまいにしようか。お布団片づけて、ジージーかこうかな。どうする？」と子どもに尋ねるところから始めています。子どもが自らの行動を考え、決定・判断するための第一歩は、おとなが子どもに相談し尋ねる関係を尊重することではないかと思います。その後、お布団の片づけも、子どもたちが自ら参加して、片づけのプロセスをも楽しめるだけの時間的な「間」をていねいに過ごすことを心がけた実践を二人はされたのでした。

このような通常の保育で大切にされている事柄は、「気になる子」や障害のある子どもが自ら考え、判断・決定して生活の主人公になるために、どんな活動が必要なのかを検討するうえでたくさんのヒントを与えてくれます。

当然ながら、子どもが「考える」ために、1歳児においては保育者の支えも多く必要でしょう。発達とともに、支えのあり方を変えていく必要はあり、より年長になれば子どもは自分なりに創意工夫をして、ちょっぴり「大きな課題」にも挑戦していくことでしょう。どんなときに子どもは「誇らしい自分」を感じているのか、それぞれの実践からの知見を

6　神田英雄（2013）0歳から3歳　保育・子育てと発達研究をむすぶ〈乳児編〉ちいさいなかま社.

トラブル未然回避タイプ
さあ次は おえかき しようか
ゴロン ゴロン
ペンと紙
子どもが"考える"間"を大切にしたタイプ
さあ おしまいに しようか お布団 片づけて
じーじ かこう かな
どうする？
じーじ
お絵かきをする
どうぞ
じーじ かく
わんわん
一緒に片づけて
よいしょ よいしょ
ありがとう

まとめて、一人ひとりの子どもの琴線にふれる活動を考えていきたいと思います。

4.「今、ここにいる自分」が受けとめられるとき

■受けとめられ感

「わが子なのに、かわいいと思えませんでした」。これは、あるお母さんがおっしゃったことばです。お子さんはADHDという診断を受けることになるのですが、スーパーの店先で商品を押し倒したり、近所の公園では友だちを突然たたいたりと、数々のトラブルを起こしていました。そのたびにお母さんは頭を下げて回り、外出する機会は減り、逆におうちのなかで子どもを叱り飛ばすことが増えていったそうです。

そんな親子に一つの転機が訪れます。それは、保健センター主催の親子教室に通い始めたことでした。保健師さんに熱心に誘われ、おそるおそる参加して、お母さんがここに通ってみることを決意したことばがあったそうです。一つは、それまでの子育ての悩みを堰《せき》を切ったように語った後、担当の保育士さんからもらった「お母さん、がんばってきたね」という一言。もう一つは、子どもが遊んでいる姿を微笑みながら見て、「かわいい子ね」

としみじみと言ってもらったことでした。いつも、叱責の対象になっていたわが子のことを、「かわいい」と言い表し、そのまま認めてくれる人が世の中にはいるんだ。このような、受けとめられ感をもつことは、おとなにとっても子どもにとっても、大切な心の安定基盤だと思います。

■子どもがかわいいとは思えないときもある

「今、ここにいる自分」が、無条件で受けとめられているという安心感は、子どもが日々の生活を過ごしていくうえで大切なものです。ただ、親であれ保育者であれ生身の人間ですから、その子のことをかわいいと思えないこともあるかもしれません。特に、おとなの都合に一見反するような行動を多くする場合、子どもの思いがくみ取れず、受けとめきれないこともあるでしょう。

次に、一つの実践を紹介しつつ、子どもにとって「今、ここにいる自分」が受けとめられたと感じるときについて、あらためて考えてみたいと思います。

■「せんせい」と呼ばなくなった

兵庫の保育者、藤本有希さんと松村さやかさんは、障害認定を受けた三名の子どもを含む年長児が育ちあう、すてきな実践を報告されています[7]。そのうち、年長児になって転入してきたAくん（広汎性発達障害との診断）と、担任の藤本さんとの関係について見て

7　私は、兵庫保育問題研究会の発達部会の取り組みとして、事例・実践検討の場に参加させていただいています。事前に保育参観をして、園内での検討会に加わり、その後に発達部会での集団的な議論を行っています。藤本・松村実践も、そうした検討の場でお聞きしたものです。なお、その概要は次の文献をご覧ください。

　藤本有希・松村さやか（２０１６）気になる子がかわるときは気になる子ができたとき　季刊保育問題研究、２７８、３２０-３２３.

みましょう。入園当初のAくんは発語はあるのですが、会話の成立はむずかしく、単語の発声から感情を読み取る状況でした。藤本さんが主な担当としてていねいに関わることで、Aくんは「ふじもとせんせい」と呼びかけるようになりました。

ところが、秋頃から「サントレイン」という意味不明なことばを言うようになります。運動会の練習中には怒りながら「サントレイン」と繰り返します。そこで、藤本さんらは「Aくんはなぜ、そこまでサントレインを連呼するのか」を、園長先生はじめ園内の先生方と話し合いました。その際、1章でも述べてきた、事実・実態を具体的に確認していくことを大事にされています。その結果、運動会の練習が始まり、担任のゆとりがなくなり、Aくんとともにいる時間が減り、クラス全体が落ち着かなくなった頃から、「サントレイン」が増え、他方で「ふじもとせんせい」と言わなくなったことが見えてきました。

■「サントレイン」の謎

藤本さんは当初、Aくんの「サントレイン」という発語に対して、うまく意味がくみ取れないこともあって「これはサントレインではありません」と否定的な応答をしていました。しかし、Aくんがそのことばに何らかの意図を込めていることを感じ、何を指しているのかを懸命に探っていきます。最初は模型電車に関係するものと思われていたようですが、いろいろと調べて、ついに「富士山トレイン」というJR東海の電車に行き当たります。さっそく、その写真をAくんに見せると、ニコニコ微笑みながら眺めていたそうです。

藤本さんとＡくんの心が重なった瞬間が訪れたのでした。

それ以後、彼が「サントレイン」と言うと、藤本さんも「そうやね、サントレインだね」と受けとめていくようにすると、再び「ふじもとせんせい」と呼ぶようになったとのこと。自分の大好きな「サントレイン（富士山トレイン）」を共有してくれる人がいてくれ、身の回りでわからないことがどんどん進行して不安になったときに、限られた語彙《ごい》で自分の好きな世界を、担任と再確認しようとしていたのではないかと思います。

事実・実態を複数の目で確認して、子どものねがいや悩みを想像していくことは、子どもを丸ごと受けとめていく第一歩であることを、感じさせられた実践でした。

■なかまとつながり、受けとめられる

子どもたちは、おとなだけではなく、クラスのなかまから「今、ここにいる自分」が受けとめられることを求めています。なかまと心と身体でふれ合い、響き合い、つながり合った状態を、安心した心地よいものとして感じているようです。そうしたなかまとのつながりの発達的変化について、私なりの理解を概観しておきます。

発達心理学の研究によると、生後９か月頃の乳児は、自分とほぼ同じ月齢の赤ちゃんの写真や映像を好んで見る特徴があります。背格好やしぐさが自分と「いっしょ」である存在に気持ちを向けて、関わろうとするようすは、０歳児クラスの先生方にはなじみのあるものでしょう。１歳児になると、自己意識の芽生えとともに、より自覚的に「いっしょ」

である楽しさを感じるようになります。たとえば、給食の前、一人の子がスプーンで机をトントンし始めると、他の子どもたちも同じようにトントンして、何だかみんな楽しそうにしているといった場面です。動作だけではなく、声や表情が「いっしょ」である楽しさも子どもは感じていることは多く、それらは手あそびや歌とも相通じており、文化を通したつながり合いの初期形態を見て取ることができます。

■イメージの世界でもつながる

その後、「いっしょ」である楽しさの内容は、その場にないイメージの世界にまで広がります。ごっこの世界、物語やテレビ番組の世界、あるいはルールあそびの世界と、「いっしょ」に共有するものは、目の前にある世界を越えていきます。2歳児ですと、まだ思いをことばで伝えるのがむずかしいこともあって、過去に同じ経験をしたことが、友だち同士でイメージを共有するうえで前提になっています。ある2歳児さんたちが、公園にあった丸太にまたがり「ウーウー」と楽しそうに声をあげていました。第三者にはわかりにくい姿ですが、子どもたちはその前日、消防車をいっしょに見た経験があり、丸太に座って声をあげるだけでも、そのイメージを「いっしょ」に楽しむことができていたのでした。

■「いっしょ」である楽しさを増やすために

発達に困難をかかえる子どもたちも、なかまとつながることを求めています。でも、それがうまく実現できないで、なかま集団が安心できる場になっていないこともあります。そんなときに、考えてみたい視点があります。

一つは、その子自身が楽しめる活動のなかみが、他児の活動と重なる部分があるかどうかということ。たとえば、友だちがルールのある世界を楽しんでいる一方で、子どもによってはそれを共有できないこともあるでしょう。そんなとき、まずは身体を「いっしょ」に動かす楽しさなどを通して、他児とのつながり合いを増やしてあげたいと思います。

年中・年長になっても、子どもはいつもルールのある、あそびばかりしているわけではありません。ときにじゃれあったり、ときに「変顔」をしあったりと、身体や表情などいろいろなチャンネルでつながっているのではないでしょうか。また、同じあそびの中にも、子どもが感じているおもしろさにはいろいろな成分が含まれていると思います。そうした検討をしながら、子ども同士がつながりやすい要素を考えていくのも、活動論的な視点からの保育の見直しになるでしょう。

二つ目に、その子どもが興味や関心をもっている世界に、まわりの子どもを誘って、そのおもしろさを「いっしょ」に楽しむことです。特に、共有関係がつくりにくい、あるいはこだわりが強いと言われる子どもの指導において、その子の限定された関心をいかに他児の活動に向けさせるかという課題が強調されることがあります。そうではなく、その子の世界に他児とともに、そっと近づいて、そのおもしろさをみんなで感じる方が、結果的に「いっしょ」感を確かなものにするのではないかと思います。

さて、Aくんの「サントレイン」を、先生が認めるようになると、クラスの子どももブロックで作った列車を、「サントレイン」と名

づけてAくんに渡すことも出てきました。自分の大好きなものを、興味をもって受けとめてくれるなかまがいる。こんな事実の積み重ねが、Aくんの中で、なかまを求める気持ちをますます高めたのではないでしょうか。

5.「必要とされる自分」を感じるとき

■「必要とされる自分」

ここまで、「今、ここにいる自分」が無条件に受けとめられ、「誇らしい自分」を感じられるとき、子どもは自らを変えていく、というお話をしてきました。次に、「必要とされる自分」をなかま集団の中で感じられるときも、子どもの発達の大切な契機になっていることを考えてみたいと思います。

まず、藤本さんと松村さんの実践報告に再び注目したいと思います。前項では、年長児になって転園してきたAくんに焦点を当てましたが、このクラスには支援の必要な子どもがすでに二名在籍していたのでした。

■支援の必要な子どもが複数いるクラス

2歳児から在園していたKくん（自閉症）は、人と関わることが少なく、年中のとき、二つのティッシュ箱を並べて、ドアから入ってくる風でティッシュがなびくのを見ては箱の角度を調整する、といったことを一人でしている子どもでした。それに興味をもった子どもが近づいてくると、押したりたたいたりしたそうです。年中児で転園してきたMくん（知的障害）は、保育者と関わるのは好きなのですが、自分でうまくできないことがあると、「イヤイヤ」と泣くことが多くありました。それで、担任が手助けすると「ジブンデ（したかった）」と、よりいっそう泣くという繰り返しだったといいます。

実は、このクラスが年中児となった年度、この園は公立保育園から民間委託され、民間保育園として再スタートしたばかりでした。すべての職員がすべての子どもと関係づくりをするところから保育が始まる、という厳しい状況での新年度だったのです。この年中児クラスの担任となった松村さんは、園内の先生方と相談をしながら、この二人の子どもたちと信頼関係を築こうと、それぞれの思いを受けとめた対応をしていきます。

■どの子も安心して、互いにつながっていくために

また、当初はクラスの子どもたち全員が不安を感じ、落ち着かない事態が続きます。クラスに複数の「気になる子」や支援の必要な子どもがいると、個への対応が中心課題となって、クラス集団を育てる視点が後退することもあるかもしれません。クラスのどの子ども

も保育者と信頼関係ができて、安心して過ごせる環境をつくり、なかまと「いっしょ」にする楽しさを感じつつ、子ども同士がつながっていく機会を増やすことは集団づくりの出発点であるように思います。

そこで、ここまで述べてきた、「今、ここにいる自分」が無条件に受けとめられている感覚はどの子にももってほしいものです。また、「誇らしい自分」を感じる活動がどの子にもあるかどうかを確認することも大切にしたいと思います。誇らしく感じた子どもは、きっと「せんせい、見てて」と保育者に言ってくるでしょう。それをしっかり受けとめて、子どもとの信頼関係を深めるのはもちろん、クラスの子どもたちにも「ほら、～ちゃん、すごいね」と伝えて、子ども同士が互いに関心を向け合う契機にすることを多くの保育者はされていると思います。また、「必要とされる自分」を感じる、あるいは他児に思いを向けて子ども自身がつながっていく姿を見つけて、そのことをみんなの前で認めていくことで、子ども同士のつながりをより強くするといったことも、日々されているのではないでしょうか。

ただ、複数の「気になる子」への個別対応に追われて、クラスが落ち着かないといったとき、案外とこうした、子ども同士をつなぐことが忘れられてしまうことがあるようです。そんなとき、同僚の助言や実践的なサポートで、集団づくりの糸口をあらためてつかみたいものです。

■つながりができつつあるなかで

次第に、保育者との信頼関係ができて、クラスが落ち着き、子どもたちはまわりが見え始めると、KくんやMくんが「自分たちとは何か違う」ことにも気づき始めたといいます。ふり返る力をもち始めた年中児にとって、自分とは違う行動をすることに疑問をもつのは一つの大きな育ちといえるでしょう。と同時に、クラスの子は、いっしょに遊ぼうと二人に近寄ることが増えます。それは、子ども同士のつながりを築こうとしてきた実践の成果でもあります。ただ、それをまだ受けとめられない二人は、押したり噛んだりして拒否します。そうした二人の行動を注意することが増えつつあるなか、保育者が叱るようすがきっかけとなって、二人が攻撃の対象になってほしくないと担任は考え、KくんやMくんのねがいや困っていることを、子どもたちにわかりやすく伝えたのでした。たとえば、次のようなやりとりが記録されています。

・保育者「KくんとMくんはみんなと同じ○組だけど、製作のときに一人で遊んだり、突然お部屋から出て行ったり、先生のお話が少しわからなかったりすることがあるみたい。でもね、先生は二人のことを見ているからね。KくんとMくんは、今は一人で遊ぶのが好きみたいで、みんなが寄っていくと怒ったりするやろ？　みんなも一人で遊びたいときに友だちに寄ってこられたらどう？」
・子ども「来んといてって思う」
・保育者「そうやろ。…でも、もし、みんなが遊んでいるところに寄ってきたら、それはみんなといっしょに遊びたいときやから入れてあげてね」

具体的な事実に基づいて、子どもの内面を推測して思いを代弁してみる。まさに、1章で述べてきた子ども理解を深め、そこで保育者が学んだことを、身の回りで起こることをふり返り始めた年中児にわかりやすく伝えていった一コマでした。

■「気になる」存在としてのAくん

「今、ここにいる自分」が受けとめられていることを感じながら、二人にとって、保育園やクラスが安心できる場になっていきます。友だちに関心を向けないKくんだったのですが、彼の好きな絵本の世界が手がかりとなって、年中児の生活発表会では「さんまいのおふだ」のイメージを共有する楽しさを味わえ、なかまへの関心が一気に広がったのでした。子どもが好きな世界にまわりが近づき共感することが、結果として共有関係を確かなものにすることが、この実践からもわかります。

さらに大きな転機がやってきます。年長児になって、Aくんが転園してきたことです。それまで友だちを描くことのなかったKくんが、その年度の夏頃から、自分とAくんを絵に表すようになり、「Aくんが~している」「Aくん、それはだめ」とAくんのことを気にかけるようになったのです。その後には、Aくんだけではなく他の子どもの名前が会話に登場し、友だちが何をしているかに注意を向けるようになります。

Mくんの方はというと、Aくんをクラスの活動に誘おうとする姿が見られ始め、Aくんがそれにのらないと誘い方を変えるようすも認められました。それと歩調を合わせるかのように、クラスの活動中に「イヤイヤ」と泣き叫ぶ姿は影を潜めていったのでした。先生方は、Mくんの心には、Aくんに対して「ぼくが何とかしないと…」という感情が芽生えていたと記しています。客観的にはともかくも、Mくんの気持ちのうえでは、「自分が必要とされている」ことを感じていたのではないかと思います。

■「気になる子」が「気になる」子

「気になる子」にとって「気になる」子どもが登場すると、子どもが大きく変わる。その事実を多くの実践が残してきています。本章2で紹介した、国沢さんのクラスのYくんも、一人の女の子との関わり合いが、他児に関心を向け、新たなことに挑戦するきっかけでした。本当に「不思議な」ことです。子どもの発達に対して、なかまとの関係がもつ不思議なパワーは、あらためて困難をかかえる子どもの保育で検討したいテーマです。

「気になる子」にとって「気になる」子の存在がどんな意味をもつのか。まだ未整理ですが、三つの可能性がありそうです。一つは、その子が自分のペースや関心にマッチした動き方をするため、自ずと注意を向けやすく、心身ともに「いっしょ」にいて心地よい存在となっているということ。二つに、さらにその子のしていることが、当該の子どもにとってほど良い、あこがれの対象となっていることもあるでしょう。三つ目に、その子のために、がんばってしまう、あるいはいっしょに活動するのが楽しくて、思わず最大限の力を発揮してしまう、といったこともありえます。

日本の保育実践が、なかまづくりや集団づくりとして大事にしてきたものを、発達研究の俎上《そじょう》に載せながら、困難をかかえる子どもの保育において、その意義を検討していくことを私自身模索しているところです。たとえば、ここで述べた三つの可能性は、緩やかには、各個人の認識や感情の発達に規定されながら、保育や生活のありようによって変化していくものかもしれません。こんなことも発達研究のテーマとなりそうです。

■人類お節介仮説

Mくんには、「新人」であるAくんのために何かしてあげたいという思いがありました。Mくんに限らず、どの子どもたちも、特定の友だちが気になり始めると、その子を手助けしようとしたり、お世話しようとする姿が見られるようになります。そんなとき、全国津々浦々で投げかけられている、ある一つのことばがあります。

「自分のことも自分でできないのだから、いらないお節介はしないの！」

確かに、客観的に見れば「大きなお世話」で、相手を助けることになっておらず、手伝われた側からすると迷惑だということもあります。でも、このお節介は人間がもって生まれたもの、あるいは長い進化の歴史のなかで獲得したものではないかと思います[8]。

私たち人間に生物学的に近い種であるチンパンジーは、親であってもわが子に積極的に何かを教えることはないようです。それに比べて、人間は幼児期から他者にいろいろなこ

8　マイケル・トマセロ（橋彌和秀訳）（2013）ヒトはなぜ協力するのか　勁草書房．

とを教えたがります。この教示行為が、短期間のうちに人類の文明を飛躍的に発展させた、重要な要因の一つと考えられています。

また、最近の海外の発達研究では、1、2歳の子どもたちが早くから利他的な行動をすることに関心が寄せられています。たとえば、手がふさがっていてドアが開けられないで困っている人がいると、ドアを開けてあげる。あるいは、自分がもらったご褒美《ほうび》を他の人にあげるとき、自分がもらったとき以上に喜ぶ。こうした事実は、0歳から集団での育ちあいを大切にしてきた、日本の保育者には周知のことだと思いますが、人間が協力しつつ社会を築いてきた進化と歴史を探るうえで、今日、注目されているのです。

人間は、幼い頃から、他者のことが気

になり、あれこれとお節介をしたくなることを指して、「人類お節介仮説」[9]と呼んでみたいと思います。

■「必要とされている」と感じるとき、大きな力を発揮する

「気になる」友だちを助けたい、いっしょにもっと遊びたいといったねがいが強まると、Mくんがそうだったように、自分の気持ちを調整できるようになるなど、それまでにない力を発揮するようになります。発達に応じたていねいな検討が必要ですが、「いっしょ」にやりとげるおもしろさを知るなかで、相手が欠けても自分が欠けても共通の目的を達成できないことに気づく機会が増えていきます。そうした、いわばお互いが相互に「必要とされている」ことへの気づきが、自分の気持ちに折り合いをつけたり、もっとがんばってみようとしたりすることを後押ししているのではないでしょうか。

大切な人から自分が必要とされているとき、大きな力を発揮する。このことは、子どもだけではなく、私たちおとなもそうですね。たとえば、親がわが子のために、あるいは保育者がクラスの子どものために、自分のこと以上にがんばっていくことは実に多くあります。また、自分にとってかけがえのない友人やなかまのために、いっしょに悩み、もてる力を最大限発揮し知恵を絞っていくことも、きっと身近なことだと思います。

昨今、一人ひとりがバラバラにされ、他人をあてにするなという「自己責任」論が強調されています。その空気が知らぬ間に実践に入り込まないように、子どももおとなも「必

9　私の勝手な造語で、学術用語ではありません。なお、幼児期の教えあいの発達やその意味については、拙著『子どもの発達に共感するとき』の11章もお読みください。

要とされる自分」を感じられているかを、折にふれてふり返ってみたいものです。

6．育ちあう子どもたち

■インクルーシブ保育

最近、「インクルーシブ保育」ということばをよく耳にします。包括《ほうかつ》、包含《ほうがん》などと訳されるインクルージョン[10]の意味がとらえにくく、障害児や「気になる子」が通常の保育園や幼稚園で過ごしていることとして受けとめられている向きもあります。しかし、形として同じ場にいればよいわけではありません。ここでは、インクルーシブ保育を、どの子どもも、かけがえのない存在として尊重され、それぞれが持ち味を発揮し、お互いの良さを認め合う集団を目指した絶え間ない実践プロセスとして、とらえたいと思います。

そのためには、クラスの子どもの心の声を聴き取り、一人ひとりのねがいと悩みを理解していく必要があります。困難をかかえる子どもが複数いるなかで、そのことはむずかしいことかもしれませんが、子どもたちはきっと保育者を支える力を発揮してくれるでしょう。

10　インクルージョン（inclusion）は、インクルーシブ（inclusive）の名詞形。インクルージョン保育と呼ばれることもあります。

■「優しい子どもたち」

前項まで紹介してきた実践の続きです。年長児クラスの運動会種目の一つに、二チームに分かれてのリレーがありました。その練習過程において、Kくんは相手チームの子に合わせて走ろうとしたり、Mくんはバトンをもらう子どもが違うと走り出さない、Aくんは順番が待てずにウロウロしたりといった姿がありました。そのため、三人のその時々のようすで勝敗が左右されたそうです。それでも、クラスの子どもたちは文句を言わないで、練習を続けます。そんな姿に、担任は「なんて、優しい子どもたちなんだろう」と思ったといいます。

ここまで、特別な支援の必要な子どもたちが、なかまに受け入れられて活動に参加している、「インクルーシブな」実践といえそうですが、続きがあります。「優しい」子どもたちの姿を園長先生に伝えたところ、クラスの子どもたちはリレーに負けて悔しく思い、不満も感じているのではないかと園長先生から問題を投げかけられます。

■子どもたちのねがいと悩みに基づいた話し合い

そのことばにハッとした担任は、子どもたちの本音を知ろうと、よりていねいな話し合いを進めました。「リレーをしていてどう？　負けが続いて泣いているけど…」と話を向けると、ぽつりぽつりと子どもたちの思いが出てきました。「Kくん、走るのが遅い」「Mくん、バトンもらってくれへん」「Aくん、どっか行ってしまう」など、三人への不満が語られました。

それを聞きながら、子どもたちが自分の本心を出せなかった状況を反省しつつ、子どものねがいに沿って話し合いを続けていきます。三人がリレーにうまく参加できないのならやめてもらおうかと、わざと尋ねてみると、子どもたちは口々に「それはあかん。みんなで走らないとあかん」と即答。その日から、作戦を話し合いながら、実際にリレーをしてみて、トラブルが起こるとまた話し合いをする、ということが続けられます。Aくんとは手をつないで走る、Mくんにはあらかじめバトンを渡す友だちをしっかり伝える、Kくんには並走など、みんなでバトンをつなぐための工夫を重ねて、運動会当日を迎えました。先生方は不安いっぱいだったのですが、子どもたちは三人を信じて、また適切なタイミングで援助の仕方も変えて、クラス全員でバトンをつなぐことができたのでした。

この実践から①すべての子どもが安心して自分の思いを出せる場を設定し、②お互いに認め合うなかま意識をベースに、③（とりわけ年長児においては）自分たちの問題を考え、矛盾を乗り越える力を育てていくことの大切さを学ぶことができました。

■どの子も「三つの自分」を感じていますか

どの子も尊重され、持ち味を発揮しながら、お互いを認め合う集団づくり。これはまさに、「気になる子」がいる、いないに関わらず、多くの現場で目指していることであり、さまざまな実践が重ねられてきています。ここでは、本書で述べてきた観点が、こうした集団づくりにも生かされうることを確認したいと思います。

一つ目です。「今、ここにいる自分」が無条件で尊重され、「誇らしい自分」や「必要とされる自分」を感じるときに、「気になる子」は変わるということを述べてきました。このことは、当然ながらすべての子どもに当てはまることです。先生や友だちから受けとめられ、安心して自分の本当の思いを出せて、クラス集団は心地よいものとなります。しっかり自分に手応えを感じられることで、なかまとともに新しいことに挑戦する気持ちも高まります。そして、なかまといっしょに楽しい活動をすることを通して、お互いを必要とするつながりはより強くなっていきます。

「気になる子」や障害児の保育というと、その子たちをいかにクラス集団に入れるかという話になりやすいことがあります。そんなときだからこそ、一人ひとりの子どもが充実した活動を行い、子ども同士が互いのすてきなところを認め合う、魅力的なクラスづくりの観点は、忘れないようにしたいところです。その際、対人関係スキルの習得に留まらず、「いっしょ」である楽しさの内容と質を考えて、魅力的な活動を生活に導入することが大切になります（本章で述べた「関係論」と「活動論」の二軸で保育を考える、ですね）。

■多面的な子ども理解を子どもに返す

二つ目に、子どもの事実・実態を複数の目で確認して、子ども理解を深める。とりわけ「気になる行動」が起こらないときに注目して、子どものねがいや悩みを想像することを

どの子どもも「三つの自分」を感じたい！

再三強調してきました。「困った行動をする子」という理解から、その子自身が困っていることやねがいを多面的に理解したとき、つまり保育者の見方が変わったとき、実践は変わるともお話ししてきました。そのように深まった子ども理解を保育者だけのものにしておくのはもったいないですね。クラスの子どもたちにも理解可能な形で伝えていくことも、相互に認め合う集団づくりには不可欠だと思います。

3歳児クラスの後半、あるいは4歳児クラスとなると、なかまへの関心も強まり、相手の思いや意図にも注意が向いていきますが、おとなの支えなしで、なかまの行動の理由を探り当てることはむずかしいようです。また、4歳児の認識的特徴として、「良い—悪い」といった二分的な基準で物事を考える傾向があり、あわせておとなの判断基準を無批判的に取り入れることもあります。だからこそ、おとな自身が子どもを多面的にとらえる努力をしつつ、友だちの行動の背後にある思いに気づかせ、場合によってはその思いを代弁して伝えていく必要があるのだと思います。

とはいえ、4歳児クラスでは、判断基準の融通のつきにくさや、お節介が過ぎて「善意のすれ違い」があったりと、ぶつかり合いも多いことでしょう。それはそれで、お互いの理解を深めるのに大切なプロセスだと思います。そうしたトラブルにおいて、相互の思いを聴き取る場を設定して、子どもたちが自分たち自身の問題として考えていく機会は保障したいものです。その経験を通して、5歳児クラスでは、それぞれががんばろうとしている課題は違っているけれど、一生懸命にがんばっているという点では同じだと、「共通性と違い」をともにとらえて、人間理解をさらに深めていってほしいと思います。

■加配保育士の悩みと保育者集団の育ち

こうした集団づくりにおいて、保育者同士の連携は重要です。特に、加配保育士の役割は大きいのですが、その任についている先生のなかには、担当している子どもとの距離の取り方、クラス活動への参加のさせ方など、一人悩みながら実践されている方も少なくないと思います。子どもの発達的力量や生きにくさの内容、在園期間、在籍クラスの年齢や集団としての状況などによって、個別的な支援の内容や程度は異なりますので、実践的な解答は一つではありませんが、きっとその現場にヒントはあるはずです。

そこでやはり、子どもの事実・実態を複数の目で確認する、という原則です。加配の先生が発見した事実も含めて共有して、時期ごとの発達課題を確認することで、加配保育士の役割について、園全体で共通認識をもっておくことは、加配保育士が安心して保育をするためにも大切です[11]。同じ子どもであっても、ある時期では直接的な個別支援が、また別の時期には他の子どもと関係づけることが、課題となることもあるでしょう。あるいは、クラス全体とは離れたところで活動していても、そのおもしろさや「成果」を他児にも伝え、気持ちのつながりを絶やさない、といった配慮が大切な時期もあるはずです。

こうした地道な実践の積み重ねがあって、お互いを認め合う子ども集団は少しずつ育っていくのでしょう。そのためにも、子どもたちの力を信じるおとな集団でありたいですね。

11　加配保育士を園内で孤立させないために、次のことも重要課題です。国による障害児保育補助金制度が二〇〇三年度から一般財源化されてから、障害児保育にどれだけの予算をかけるかは市町村ごとに相違が見られるようになりました。その結果、市町村格差が生まれてきています。それは、加配保育士の配置基準や、労働形態・労働条件の違いにもなっています。加配保育士も事実・実態を語り、子どもの発達課題を共有するためには、園内の工夫だけではなく、加配保育士の方々が会議や研修に参加できるための制度的・財政的条件づくりは不可欠です。

第4章 おとな同士がつながるとき

1. 揺れる親心

■わが子なのに冷静ではいられない親心

「わが子なのに、かわいいと思えませんでした」。3章4で紹介した、子どもさんがADHDと診断されたお母さんのことばです。このお母さんは、親であれば当然、わが子を愛すべきなのに、いろいろな困った行動を前にすると「かわいい」と思えず、「親として失格だ」と感じていた時期があったのでした。もちろん、「親として失格」などということはありません。むしろ、親としてわが子のためにできる限りのことをしてあげたい、いや、しなくてはならないと考えていたのだと思います。だからこそ、子育ての責任を一人ですべて背負い込み、心が大きく揺れていたのでした。

誰しも、親としてわが子を目の前にすると、力が入りすぎたり、イライラしたり、どこか冷静でいられないものです。特に、子どもの育ちにくさを、保護者が自分の育て方の問題として受けとめて、一人で抱え込んでしまうと、子育てがつらいものになりかねません。この章では、保護者を支えることをテーマにして考えてみたいと思います[1]。

■「パニッカー」の薫くん

保護者の方によくご紹介している本があります。高阪正枝さんの『イケイケ、パニッ

1　保護者支援については、次の文献がお薦めです。豊富な具体例から学ぶことができます。
　荒井　聡（2013）具体例で学ぶ　保育園での保護者支援―気になる子・障害児をともに育てるために　群青社.

カー』[2]。高阪さんの息子・薫くんと、お母さん、ご家族、療育・保育や学校の先生が織りなす日常を4コマ漫画とエッセイで綴ったものです。小さい頃から、よくパニックを起こす薫くんを表してつけられたのが、タイトルの「パニッカー」。彼は自閉症の診断を受け、確かにパニックも自閉症の特性とみることができます。ただ、彼の内面の育ちとともにその意味が変化しており、この本を読んでいると、青年期に向かって薫くんが、一人の人として、いい持ち味をしっかりと発揮していくようすがよくわかります。何気ない日々の生活のなかに、子どもが発達するのに必要な要素があり、まわりの人たちと「生活を楽しむ」ことの大切さを思い出させてもらえる内容です。

■私一人でこの子を育てていくわけじゃあないんだ

多くの保護者がそうであるように、高阪さんも、薫くんが幼児のとき、彼のパニックや育ちにくさに不安と焦りを感じ、気持ちは大きく揺れ動きます。「3歳になればお話もできるようになるだろう」という希望的観測が外れ、指さしやことばの「訓練」を始められるのですが、楽しくない活動に薫くんは呼びかけても近寄りません。

当時、通い始めていた療育教室の先生との対話から、高阪さんは大切なことに気づかされます。一つは、「この子はハンディをもっている。でも、けっして親のせいでこうなったのではない」ということ。このことから、他人の助けを借りようとする声を堂々と発する気持ちが少し芽生えたと記されています。二つ目に、薫くんが予想外の行動をするので

2　高阪正枝（2003、2009）イケイケ、パニッカー1、イケイケ、パニッカー2　クリエイツかもがわ.

は心配そうにしていると、先生から「薫くんをいつもドキドキしながら見ているね」、今は安心して自分に任せてといったことを言われたこと。そのことばで、高阪さんは「私一人でこの子を育てていくわけじゃあないんだ」と気づき直されたのでした。

みんなの力を借りたらいいんだと肩の力を抜くと、子ども自身が自分の力で変わっていくのを、じっくりゆったりと待つゆとりが生まれるのでしょう。次のようなすてきなエピソードが残されています。

■ことばの芽

「ことばの芽」と題された漫画（次ページ）は、お姉ちゃんが通っていた幼稚園のPTAバレーボールの練習で体育館に行ったときのことです。置き忘れていた怪獣人形を見つけて、まだお話のできなかった薫くんが「なっなー、お母さん、見て見て」とばかりに、教えに来たという出来事が描かれています。そして、コミュニケーションとしてのことばの発達には、あふれんばかりの伝えたい心が育っていることが基礎になっていることを、高阪さんは書かれています。

本書にはこんなお話が満載なのですが、こうした一見ささやかな、でも発達の栄養素が詰まった生活の一コマに目を向け、それを記憶（記録）に残されているということ自体が、私には驚きでした。子どもがこんな風に服の裾を引っぱってきたら、「はいはい、練習中だから、またあとでね」と終わりかねない場面ですから。高阪さんのセンスと記憶力の良さによるところが大きいかもしれませんが、ささやかだけども大切な子どもの育ちを相互に語り合う人のつながりがあったのではないかと思います。ちょっとした目のつけどころを変えてみることは、一人で実行するのはなかなかむずかしいものです。とりわけ、初体験ばかり（すでに子どもがいる保護者においても、「育てにくさ」を感じる子どもを育てるのは初体験です）の子育てでは、いわゆる平均に早く合わせてあげたいという思いが先行しがちです。

こうしたエピソードが、多くの園や家庭にも広がって、子どものすてきなところを保護者といっしょにみつけて、子育てが楽しくなる土壌が耕されたらと思います。そのために大切にしたいことを次に考えてみたいと思います。

『イケイケ、パニッカー1』（高阪正枝　2003年　クリエイツかもがわ．p.68）より

2．保護者も「かけがえのない自分」を感じたい

■手応えを感じにくく、孤立する保護者

「気になる子」だけではなく、どの子どもも「かけがえのない自分」を感じたいと願っています（3章）。実は、私たちおとなもそうしたねがいをもっています。ただ、困難をかかえる子どもの子育てにおいて、保護者自身が孤立感を強め、親としての手応えを感じにくくなることがあります。そんなとき、保育者から「かわいい子だね」と言ってもらったり、保護者自身のがんばりを認めてもらえることが、心の安定につながることを多くの保護者が語っておられます。また、保育者との関係だけではなく、保護者同士のつながりを広げていく取り組みも、早い時期から子育て支援活動と関連させて進めていきたいものです。いつでも「助けてね」と言い合える安心できる場を作ることは、就学前の保護者を支える大切な前提条件です。

■人類の子育ては共同養育が基本

発達において「気になる子」は、育ちにくさを有しますが、保護者の立場からは「育てにくさ」を感じ続けていることが多いと思います。そこで考えてみたいのは、私たちが親になっていくプロセスです。

人間の赤ちゃんは、他の哺乳動物に比べて、非常に無力な状態で生まれてきます。安定して座るのに約半年、自分の足で歩けるようになるのに一年ちょっとかかるなど、身体的な自立の道のりだけでも時間を要します。それだけ、子どもが育っていくためにはおとなの手が多く必要となり、およそ七〇〇万年前に、現在の人類につながる種が誕生してからの長い間、子どもの養育は母親だけではなく、コミュニティの他のメンバーが共同で行うものであり、生物学的なさまざまな仕組みも共同養育に備えたものになっていると考えられています。核家族において、両親が、とりわけ母親が一身に子育ての責任を負う状態というのは、人類七〇〇万年の歴史ではごくごく最近の出来事であるわけです。

さまざまなつながりが弱くなってきているからこそ、新たに親になっていく人たちを支える公的な支援の必要度が増しているのです。先人の子育ての知恵を継承していくルートがあることは、今日、親になるプロセスにおいて欠くことのできない要因となります。

■子どもが親を「親」にする

親になるプロセスにおいて、もう一つ重要な働きをするのが子どもの所作振る舞いです。おとなと子どもの関係において、おとなが子どもにいかなる影響を与えるのかという点が強調されがちですが、子どもからおとなへというベクトルも実は重要な意味をもっています。

私たちは、赤ちゃんの愛くるしい姿を見て、「かわいい」と思い、子どもの笑顔に誘われて、声をかけたり、おもちゃを差し出したりなど、いろいろな働きかけをします。すると、赤ちゃんがそれに応えて、先ほど以上に微笑みを返してくれ、こちらが見せたものに興味津々のようすを示してくれる。すると、それがうれしくて、私たちは子どもによりいっそう関わりを持とうとします。知らぬ間に、私たちおとなに養育行動を取らせる仕掛けが、赤ちゃんには隠されていると言っていいかもしれません。

日頃、わが子と接する時間が限られているパパたちも、子どもが9、10か月を迎えて、パパのまねっこをしたり、注意を通わすことができ始めると、俄然、子どもに関わる手応えを感じ始めて、子育てがおもしろくなってくるようです。新米パパの努力もありますが、他者と意味を共有しようとする、子ども自身の発達に負うところは大です。子どものおかげで、パパはよりパパらしくなってくるのです。

■子どもの育ちにくさがもたらす悪循環

ところが、子ども自身に何らかの育ちにくさがあると、まわりのおとなを引きつけるサインが乏しかったり、環境の変化に過敏に反応して穏やかに過ごせなかったりして、保護者自身が関わりにくい状態がいつの間にか継続していることがあります。特に、一人目の子どもさんだと、比較のしようもないので、育てにくさとして自覚されることは少ないかもしれませんが、うまくわが子と関われない、あるいは子どもと気持ちがぴたっと合わないという状態はくすぶり続けます。

次第に、子ども自身の運動能力が成熟して、本人なりのペースで移動の範囲や操作する対象が広がってくる一方で、親子で気持ちがぴったり合わない状態が続きますと、親子のやりとりにはズレが生じて、保護者は育てにくさをより強く感じるようになります。たとえば、こんな場面です。1歳半健診後の経過観察の待合室で、ある女の子は古びたレジのおもちゃ(まだバーコードの読み取りレジのなかった頃です)のキーをトントンたたいて遊んでいました。話しことばをまだ獲得していない彼女にとって、そのおもちゃは「お買い物ごっこ」で使う小道具ではなく、たたいたり音を出す感覚あそびの対象でした。でも、お母さんはそのおもちゃは「お買い物ごっこ」で使うものであって、たたく行為をなんとかやめさせようと、結果的に子どもを制止することが多くなっていました。結果、その子からすると、お母さんは自分の思い通りにおもちゃを使わせてくれない人となり、レジを投げ捨て、またお母さんに叱られてしまったのでした。

これは、その親子にとって生活の一コマですが、いろいろな生活の場面で、こうした行き違いがあれこれと生じているのではないかと思います。子どもの発達のペースがゆっくりであったり、興味の向け方が独特であったりすることが契機となって、保護者の働きかけがうまくかみ合わず、関わりの悪循環を生じさせてしまうのです。こうした場合、保護者の自己努力だけで、自身の働きかけが子どもの状態や関心にかみ合うようにするのはむずかしいことだと思います。プロの保育者や教師であっても、親の立場で、日常的な家事をこなしながら、また仕事から離れて脱力したくもなる家庭内において、二四時間、わが子のペースや思いに添って関わるのはむずかしいことでしょう。

だからこそ、乳幼児健診では相談のきっかけ作りを用意し、あわせて「あそびの会」のような形で保護者が通いやすい場を設けて、日常的な場面を通した支援が早期から求められるのです。わが子と遊べて楽しかった、わが子が自分のことを求めているといったことを実感して、親としての手応えを感じられる場を各地域で増やしていきたいものです。

■保護者を独りぼっちにしない

子育ては、保護者だけの力でできるものではありません。父親の役割が叫ばれつつも、特にお母さんに子育ての責任が一身に担わされている状況はまだまだあります。そのなかで、子育ての手応えを感じにくいまま、孤立している保護者が多数おられます。一人、ネットで検索して、さまざまな情報に出会い、またそれが悩みの原因となるということもよく見聞きします。

とりわけ、わが子の育てにくさを感じる保護者は、子どもが友だちとうまく関われないなどの理由から、他の保護者と距離が生じて、孤立しがちになります。「独りぼっちの保護者をつくらない」ためにも、前記の「あそびの会」など、直接顔の見える場をもうけていくことは大切な取り組みとなります。

3. 保護者とつながる

■「わが子の障害を認めない親」という声に対して

保育者の方からよくうかがう相談ごとの一つに、「保護者がわが子の障害を認めようとしない。そのために、相談機関に行ってもらうことができない」といったことがあります。保育園・幼稚園の先生としては、子どもがかかえる課題を保護者も共有して、子どもの支援のために園として行っていることを理解してもらいたいという思いがあってのことだと思います。保護者と気持ちを重ねて保育ができないという、保育者の歯がゆさや悩みは理解できます。しかしながら、「障害認知」を性急に迫るあまり、子どもの否定的な面を強調すればするほど、保育者が語ることばは保護者からしてみると「おたくの子のために園や他児がどれだけ迷惑を受けているか」といった訴えにしか聞けなくなり、協力的な関係を築くきっかけは減っていきます。

専門機関での相談や診断が不要だということではありません。子どもの生きにくさ、すなわち、保護者からすると育てにくさの背後にはどんな問題があるのかを、医療や心理などの専門的な観点から検討することは大切です。それは、子どもたちが、毎日、安心して園や家庭で過ごし、おもしろい活動をたっぷり経験して、「かけがえのない自分」を感じるためにはどんな配慮や工夫が必要かを考えるためのものです。子どもが楽しさや喜びに充ちた生活をするのを制限する要因を考えるために、専門機関への相談を活用すると位置づけてみたいと思います。この前提条件を共有しないまま、専門機関への相談や障害の診断だけを先行させるところに、保護者の思いとのすれ違いが生まれる原因があるのではないでしょうか。

■診断がなされなくても保育はできる（しなくてはならない）

障害の診断は、福祉制度を利用するために必要な場合もありますが、保育実践は障害の診断がなされなくても、関わり方や活動を工夫しながら進めていくことができます。いや、日々通ってくる子どもがいるのですから、保育という専門的な営みをやめるわけにはいきません。

本書の1～3章において述べてきたことは、まさに障害の診断がなされなくても、仮説をもって実践していくためのガイドラインということもできます。保育者が「気になる行動」に関わる事実を集団的に検討し、「気になる子」のねがいや悩みを想像し、関係論と活動論の観点から保育を構成するプロセスは、まさに保育者の専門性がたくさん発揮されるものです。また、「気になる行動」が見られない場面に着目して、職員集団で深めた子ども理解の内容を保護者にも伝え、困った行動を直す発想ではなく、その子を丸ごと大切にして持ち味を発揮させるという「育てる」発想を、保護者と確認していきたいものです。その取り組みを通して、保育者が子どもにとってかけがえのない伴走者であることを保護者に理解してもらうことが、保護者との信頼関係の基礎となるはずです。

■社会的な「障害」＝バリアとの戦い

「障害認知」をめぐる問題についてもう一つ留意しておきたいのは、障害児保育制度のあり方です。障害児保育制度に関して、対象となる子どもの基準や加配保育士の配置基準は自治体によって異なります[3]。加配保育士の配置に関して、療育手帳の取得が前提になっているところもあれば、緩やかな基準によるというところもあります。また、保護者からの申し出のない「気になる子」に対する職員加配や補助金支給がなされている自治体がある一方で、あくまでも保護者の申し出が前提という自治体も多くあります。

同じ日本という国に住みながら、子どもの発達保障のための制度や施策に格差があるこ

3　みずほ情報総研（2017）保育所における障害児保育に関する研究報告書　https://www.mizuho-ir.co.jp/case/research/pdf/kosodate2017_03.pdf

とは見過ごすことはできません。さまざまな困難をかかえる子どもたちが、保育園や幼稚園で安全にかつ楽しく過ごすには種々の配慮が必要です。そのなかでも、保育者を適切に配置することは真っ先に行うべき配慮事項であり、当該の子どもの権利を保障するための第一歩となります。保護者の「障害認知」や申し出を前提にしなくとも、必要な手立てをうって保育条件を整えるのは行政の責任でありますし、それらを実施している自治体もあるわけですから実現可能なものです。それぞれの現場から、あるいは各地域の関連機関の集まりから、行政や議会に働きかけていくことを粘り強く進めていく必要があります。

社会的「障害」＝バリアに気づいた関係者がつながって、それを取り除いていくことも、子どもの生きづらさや保護者の育てにくさに対する発達支援の大切な一部となります。

■保護者の人生と生活を想像してみる

さて、保護者と信頼関係を築いていくのは時間のかかることです。場合によっては、それまでの行政窓口や保健センターでネガティブな経験をしたり、保育者や他の保護者とのちょっとしたボタンの掛け違いによるつらい思いをされたりすることで、不信感を身にまとった保護者の方もおられるかもしれません。最初、保護者とお話しするのも緊張してしまうということもあるでしょう。そんなとき、焦らず、まずは子どもとしっかり関わり、子どもが安心して園に通い、ほっとしているようすや楽しんでいる姿を生み出すことを心がけてみます。そして、そうした具体的な場面を連絡帳や口頭で保護者に伝えていくことに重点を置いたらいかがでしょうか。わが子のすてきな姿、「困った行動」をしていないようすを楽しそうに語ってくれる人に、保護者の心もちょっぴりでも緩むのではないかと思います。

そのように信頼関係を築くのにあわせて、保護者ならびに家族がこれまでどんな人生を歩んできたのか、どんな生活をされているのかを、保護者の話やいろいろな資料から想像してみたいと思います。

「なかなかおっぱいを飲んでくれず、ほ乳にすごく時間がかかった」「夜なかなか寝てくれないもので、夜中のドライブが毎日になった」「公園に行くと、他の子どもを急に押したりするので、足が遠のいた」「買い物に連れて行くと、店の中を走り回ったり、商品を倒したりして、謝りどおしだった」など、いろいろな事実を知り、そうした状態で子どもと過ごすことを、わが身に当てはめて想像してみます。子育て経験のない一般の方には想像しにくいことかもしれませんが、子どもと生活をともにしている保育者の皆さんにとっては、育てにくさのある子どもと生活することのむずかしさは想像できるものだと思います。さらに、一定の保育者がいて、比較的条件の整った保育時間だけではなく、二四時間一日中、三六五日休み無く、その生活が続く状態をイメージしてみることが、保護者の思いに寄りそう第一歩になります。

それに加えて、経済的なしんどさや不安定な雇用、家族間の行き違いや暴力、保護者自身の心身の不調、あるいは（外国籍の方であれば）社会適応の問題なども、家族の生活を想像するうえで重要な要因となる事例も、今日、少なくないと思います。そうしたことは、なかなか共感的に理解するのはむずかしいかもしれませんが、ご本人の自己責任ということでは片づけられない、大きな力が家族の生活を押しつぶしている事実は理解しておきたいです。また、家族とはかくあるべしという標準的な家族像や子育てイメージを基準にして、そこへの至らなさをあげ連ねても、当事者の心にふれる支援にはつながりにくいように思われます。

■保護者のがんばりを認める

保護者と子どもの生活を想像することで、保護者のしんどさ、あるいは人生がうまく進まない苦しさを少しでも理解できればと思います。そんな厳しい現状においても、わが子のためにとがんばっている姿をとらえて、保育者として感じたうれしさを素直に伝えていくことも心がけたいものです。

ある3歳児の男の子の話です。どことなく気持ちが落ち着かず、友だちに手が出ることが多かったのですが、給食を食べてお昼寝後は比較的穏やかに過ごせたそうです。お母さんは、夜遅くまで懸命に働いて何とかわが子との生活を支えておられ、朝の登園が九時半から一〇時を過ぎることがほとんどだったのでした。それでも、早めに登園すると、午前中に好きなあそびをたっぷりできて、その子は落ち着いた姿を見せていました。そのことは最初から読み解けたわけではなく、「気になる行動」が見られない場面に着目した検討を経て、その事実が見えてきたのでした。日頃から、お母さんには少しでも早く登園するように保育者はお話ししていましたが、この事実を確認しつつ、「お母さんががんばって、早く子どもを保育園に連れてきてくれて、今日の午前中、～ちゃんはいっぱいあそびがで

きて、こんな楽しそうだったよ」と、その日のデジカメ写真とともに伝えるようにされたそうです。それ以来、少しずつではありますが、登園時間も早くなってきたということです。

お母さん一人の力で家計を支えられるだけの施策が、求められているのは言うまでもありません。他方、子どもの視点に立てば、保護者の生活も守りながらも、楽しい一日を過ごさせてあげたいとも思います。この男の子の担任も、午前中に三〇分だけでも好きなあそびをする時間を保障したいと考えたわけです。子どものために少しでも早く登園してくださいというメッセージを保護者に伝える際、「早く連れてきてくれないから、子どもが荒れる」と言うのと、先のように「お母さんが早く連れてきてくれたから、子どもが楽しそうにいっぱい遊べたよ」とお話しするのでは保護者の受けとめ方はまったく異なります。当然、後者の方がわが子のためにもう少しがんばってみようかと思えます。

至らないところを指摘されてがんばるように言われるより、現状を少しでも変えていこうとがんばっていることを評価された方が、気持ちは前向きになれます。しかもそれがわが子の笑顔につながっているとなると、もうちょっとがんばってみようと気持ちになれるのではないでしょうか。そうやって、「必要とされている自分」を感じると、よりいっそう力を発揮する（3章5）のは、子どももおとなもいっしょですね。

4．保護者を支える

■子どもをかわいがることも保護者支援

保育園や幼稚園において、保育者の重要な役割として保護者支援があげられます。そのことを否定するつもりはありませんが、保育者が真っ先にすべき、一番の仕事は子どもの笑顔を増やすことではないかなと私は思います。あるいは、その子のかわいらしいところを見つけて、いっぱいかわいがり、そのかわいさを保護者と共有することが、保育者の大切な仕事であると言ってもいいでしょう。

わが子をかわいいと思い、大切にしてくれる人がいる。それだけでも保護者は安心することができますし、わが子のことを愛してくれる人に信頼の気持ちを向けることができます。とりわけ、育てにくさを感じる子どもの保護者にとって、わが子の否定的な側面しか見えにくくなっている場合、子どものかわいさを再発見してくれる保育者は心強い存在となります。

若い保育者にとって、「気になる子」や障害児の保護者を支援することは、むずかしいことのように思われるかもしれません。そこであまり構えず、その子の表情やしぐさからかわいらしさを感じて、それを楽しく語ることも大切な保護者支援になっていることを思い返してみてください。さらに、1章で述べたように子ども理解を深めて、その子のねがいや悩みを読み解いて、その内容を保護者と共有していくことも、保護者が子どもを愛おしく感じるきっかけとなるはずです。

■揺れ動きながら進む障害受容

子どもが何らかの生きにくさ＝「障害」をかかえている場合、医学的ケア、教育・保育的な配慮と工夫、福祉的支援を総動員して、生きにくさの軽減をすることは必要です。ただ、ある程度お話ができたり生活動作が自分でできたりしており、「障害」が外からは見えにくい場合、保護者の気持ちとしてわが子の「障害」を認めにくいことはあります。すでに述べたように、信頼関係ができていないまま、性急に「障害認知」を迫る関わりは避けたいと思います。

少しずつ子どものことを話せるようになって、保育者が「気になる行動」を率直に伝えても、保護者からは「家庭ではいっさい気になりません」と返事が返ってくることもあります。しかし、その表面上のメッセージとは裏腹に、実は保護者ご自身が「気になる行動」にしっかり気づいておられることは多いようです。保育者から「気になる」と言われても、具体的にどう配慮したらよいのかを見通せないならば、その事実を否認するしかありません。そこで、子ども理解を深めて、「気になる行動」が見られない場面を増やす配慮と工夫もあわせて、保護者には伝えて安心感をもってもらい、そのうえで子どもの生きにくさの背後にあるものを専門家とも相談することを促したいと思います。

とはいえ、「障害」を受けとめるプロセスは、いくつかの段階を経て時間もかかるものです。子どもの「障害」を否認する情報を得ようと、保護者はネットの検索を重ねたり、あちこちの専門家を訪ねたり、「こうすれば障害が治る」という方法に飛びつく時期が大なり小なりあります。「障害」が否定しがたい事実だと認め始めると、やり場のない悲しみや怒りがわき上がってくる時期もあるようです。そのなかで、子どもの笑顔や生きようとしている力に励まされ、受けとめてくれる他の人に包まれて、少しずつ、日々の生活を大切に過ごしていこうとされていきます。もちろん、この道のりは個人によって異なり、それぞれの方の個性や取り巻く環境によって、障害受容のプロセスには違いがあります。

また、いったん障害受容をされたら、それで気持ちが安定するといったものではありません。保育園や幼稚園に入園する前、就学や進級・進学が近づいた頃、卒園や卒業が近づいた頃、あるいは園や学校で何かアクシデントがあったとき、保護者は不安になったり、わが子のことで心が揺れることがあります。保護者の中には、1歳半健診やそれまでに、子どもの障害を伝えられ、いくつかの波をくぐり抜けて、就園時には「障害受容」をされている方もおられるかもしれません。そんなとき、「障害受容ができている保護者」と一方的にレッテルを貼らないで、いろいろな節目や出来事に気持ちが揺れ動くことに注意して、子どもの具体的な事実をいつも中心にすえた関係づくりは大切にしたいものです。

■保護者のねがいを受けとめて保育の専門性を磨く

保護者は、子どもの変化が見えづらかったり、行事や就学などの節目を前にしたりした際、不安が高まり、それが具体的な質問や要望となって保育者に投げかけられることがあります。たとえば、なかなかことばが理解できず、お話もしっかりできない状態が続いている子どもであれば、園でも絵カードを用いたコミュニケーション指導をお願いできないかといったことが要望されたりします。

そんなとき、どのような対応をしたらよいのか悩むことも多いのではないかと思います。「保育園や幼稚園はそうした専門的な指導をする場所ではないので、専門的な療育機関でそうした指導は受けてほしい」。こうした対応がなされる場合もあるかもしれませんが、保護者の「毎日通う園だからこそ、日々の生活での取り組みを大切にして、ことばの世界を豊かにしてあげたい」というねがいには応えたことにはなりません。そんなときに大切にしたいのは、保護者のねがいを受けとめて、保育の専門性という観点から、子どもの発達の見通しをていねいに説明していくことだと思います。たとえば、こんな風に…。

「ことばの世界を豊かにしたいというお母さんのねがいは、私たち保育者もよくわかりますし、そうした方向で保育をしていきたいと考えています。ただ、ことばを豊かにするために、絵カードでことばを直接教えるのは、長い保育時間においては子どものやる気が続かない可能性があります。むしろ、まずは伝えたいと思える活動として、楽しいあそびを毎日用意し、その中で自然と、ことばで要求表現したり、楽しかった経験をことばで伝える場面を設けています。また、保育者自身も子どもがわかりやすく使いやすいことばはどんなものなのかを相互に確認して、ゆっくりていねいに話しかけるようにしています。そうしたことで、ことばの世界を広げるための根っこがしっかりしていくと、私たちは考えています」

実は、こうした内容は3章で述べた、保育の専門性に基づいてなされた配慮や工夫と重なります。つまり、保育者の専門的な営みを、それが子どものどんな力を育てることになるのかという発達の見通しとともに、わかりやすく説明していくことで、保護者と支援方針を共有して、少しでも安心してもらおうということです。

残念ながら、保育者は「子どもを遊ばせているだけ」「身の回りの世話しているだけ」といった声が未だに聞こえてくることがあります。それだけ、療育プログラムに比べて、保育の専門性が見えにくいものとなっています。逆に言えば、「気になる子」や障害児の保育のねらいを保護者に語ることで、保育者自身が専門性をふり返り、わかりやすく説明するための良い機会にすることができるのです。

5. 専門機関とつながる

■地域の専門機関を知る

それぞれの地域には、相談や療育[4]の専門機関があります（図1は、乳幼児健康診査から始まって、どのような制度と場があるのかについて概略を示しています）。注意しておきたいのは、自治体によって使える専門機関の数や、その内容が異なっており、全国一律ではないことです。各自治体の福祉政策の歴史や財源の違い、過去に保護者や関係する教師・保育者の取り組みや運動があったかどうかなどが、そうした地域差の背景にはあります。これを機会に地元にはどのような機関があ

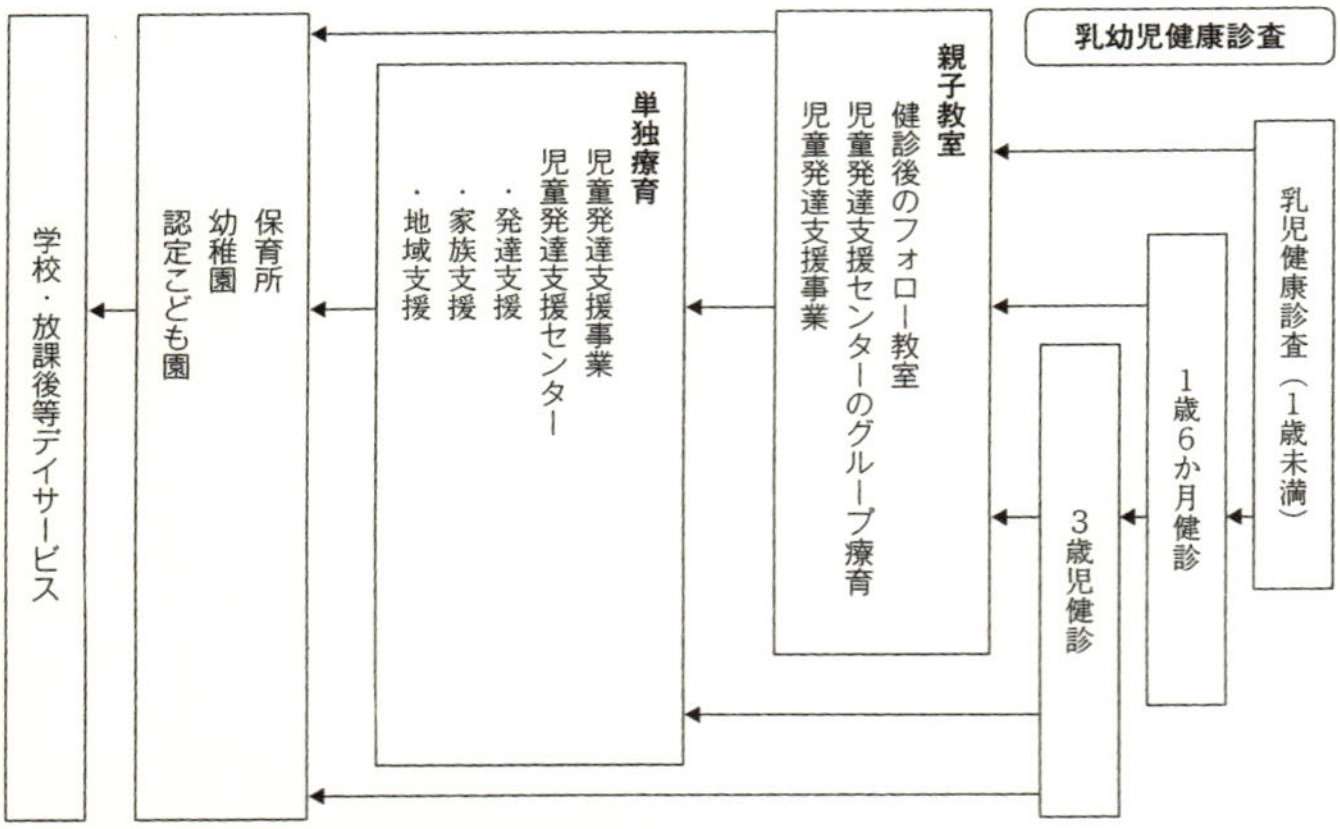

図1　乳幼児健康診査から就学までの諸制度

藤林清仁（2017）根っこを支える　池添素・塩見陽子・藤林清仁　育ちの根っこ—子育て・療育・つながる支援　全障研出版部　p.69-92. 藤林清仁／図作成

（著者注）保育所・幼稚園・認定こども園に入園後に、児童発達支援事業を利用する場合や、児童発達支援センターを経て就学を迎える場合もある。

4　療育に関わる制度や、生活、自然、文化、集団を大切にした療育のあり方を学ぶためには、次の文献はお薦めです。

こどもたちの保育・療育をよくする会編（2012）療育ってええな！　かもがわ出版。

池添素・塩見陽子・藤林清仁（2017）育ちの根っこ—子育て・療育・つながる支援　全障研出版部.

り、その地域の課題は何かを関係者で学び検討していただければと思います。

ダウン症などの先天性の障害や、出生時から入院が必要な障害の場合、比較的早くに障害が発見されることから、病院から相談機関や療育機関が紹介されることが多いと思います。そうした場合、子どもに医療的な対応が必要なことも多く、入院や通院で忙しくされる一方で、障害を告知されて、保護者が非常に不安と混乱のただ中におられることから、療育現場で早くから家族を支えていくことは不可欠です。また、そうした保護者の就労支援という観点から、重度障害のある子どもも含めた、障害児保育の条件整備も必要不可欠です。

特別な配慮や支援の必要な子どもの多くは、保健所・保健センターの実施する乳幼児健康診査で発見されます。特に1歳半健診においては、さまざまな障害が疑われる、発達のつまずきが指摘されます。あわせて、多くの自治体で親子教室が開催され、実際のあそびを通して、保育者や発達相談員らが親の支援を開始し、次の支援の見通しを立てていく取り組みがなされています。この親子教室は、障害児を対象にしたものと銘打っていないものが多く、育児にちょっと心配がある保護者も含めて参加しやすい形にして、専門職が最初に出会う場にすることが非常に重要です。ただ、1歳半健診の細かな実施内容や親子教室の持ち方も、自治体によるばらつきがあり、継続的な支援が必要な子どもとつながる可能性や、その後の追跡率は大きく異なります。

通所するスタイルで利用できる療育機関としては、児童発達支援センターと児童発達支援事業があります。児童発達支援センターは、以前、知的障害児通園施設、肢体不自由児通園施設、難聴幼児通園施設と呼ばれていたもので、施設によるばらつきはありますが理学療法、作業療法、言語療法や心理発達の専門職が配置され、基本的には小集団であそびや生活を通した支援を行っているところが多いです。また、センターでは発達支援だけではなく、家族支援や地域支援も行っており、前記の親子教室に出向いたり、地域の保育園への巡回相談を行っているところもあります。

　児童発達支援事業は、少し前は児童デイサービスと呼ばれていたもので、地域での療育機会を増やすという目的もあって、設置の基準は緩やかにされ、ＮＰＯ法人や株式会社も参入できるようになりました。その結果、これもまた地域差がありますが、都市部においてはその数は急増しています。療育の内容も事業者によって異なり、生活とあそびを主体にした保育的内容を重視しているところもあれば、独自のプログラムを個別指導しているところもあります。以前にも増して、通える場所が増えているのは前進面ですが、さまざまな宣伝文句に保護者が迷ってしまうという実態があるようです。「顧客」である保護者に、保育・療育という「商品」を買ってもらうという市場経済の発想が、介護分野に続いてこの分野にも入ってきており、そのことが保育・療育や保護者支援のあり方にもたらす影響に常に気をつけたいと思います[5]。

5　たとえば、児童発達支援事業の場合、実施している事業所に給付されるお金は「日払い単価方式」といって、その日に実際にきた子どもの人数で決まります（就学後に利用することになる「放課後等デイサービス」も同様）。つまり、経営上、利用者数や欠席の人数に一喜一憂することになる制度設計となっています。

■顔の見える関係でつながる

発達支援や保護者支援の具体的な内容は自治体によって異なり、また同じ自治体のなかでも、保育園と幼稚園、公立と民間とでは利用できる制度が異なることが多いので、繰り返しになりますが、それぞれの自治体でどのような機関があり、どのような制度が使えるのかを調べてみてください。そのうえで、専門機関との連携を築く際、留意したいのは、それぞれの機関の職員さんと直接出会って、顔の見える関係をつくることではないかと思います。

ほぼすべての親子が最初に出会い、その後の子育てを支援するキーパーソンの一人は保健師さんです。乳幼児健診で気になった、親子教室で保護者の相談にのっていた、あるいは健診に来なかったので家庭訪問を行ったなど、地域の保健師さんはその親子を支える対応を早くから行い、支援にとって大切な情報ももっています。公務員削減によって保健師さんの業務量が以前より増していることなど、解決すべき課題はありますが、日頃から保健師さんと直接お話しできる関係をつくっておくことは、公的な制度をうまく活用する点でも大切になるでしょう。

また、児童発達支援センターや児童発達支援事業所の職員さんとも、顔の見える関係づくりを進めたいと思います。保育園・幼稚園には、入園前に、それらの専門機関に通っていた子どももいるかもしれませんし、入園後も週何日かは継続してそちらに通っているという子どももいるかもしれません。あるいは、保育園・幼稚園に入園後に初めて、専門機関での療育を勧められる子どももいることでしょう。いろいろなケースが想定できますが、それらの施設ではどんな人がいて、どのようなことをしているのかを具体的に知っておくことは、子ども理解を深めるためにも、保護者を応援するためにも必要なことです。

そこで、子どもが通っている時間帯に同行させてもらったり、あるいは園の先生だけ見学させてもらうのもよいでしょう。あるいは、センターや事業所の職員さんに来園していただき、保育場面を見て、必要に応じて助言をもらうこともありえます。具体的にはそれぞれの施設とあらかじめ相談していただきたいのですが、保育園や幼稚園への訪問による相談活動を事業の一つとして位置づけている施設は増えています。本書で強調してきた、事実・実態に基づいて子ども理解を深める原則は、園内だけではなく、園外の専門職とも共有したいと思います。

その際、子どもの見せる姿が、保育園・幼稚園とそれらの施設とで異なることも多いかと思います。そこで、性急にどちらの実践が良いかどうかと決めるのではなく、両者の条件や活動内容の特徴を分析しつつ、それぞれの現場が自分たちの実践を見直すことも大切にしたいと思います。

6．困難をかかえる家庭への配慮

■「気になる家庭」

今日、経済格差の広がりとともに、「子どもの貧困」は日本において大きな社会問題となっています。日本の子どもの六、七名に一人が貧困状態にあるという事実は、子どもの発達に関わる私たちが真剣に向かうべき現実であり、緊急に対応すべき政治課題でもあります。また、地域のコミュニティが有効に機能せず、核家族として孤立した家庭が増えてきています。こうした経済的要因や社会構造的要因が複合しながら、保護者に多くの負担がかかり、子育てに気持ちが向かいにくかったり、余裕をもって子どもと関わりにくくなった家庭がより多くなっているのではないかと思われます。「気になる子」の背後には、経済的な基盤や精神的な基盤が揺らいでいる「気になる家庭」の問題が隠されていることは少なくありません。

■困難をかかえる家庭の支援

さまざまな困難をかかえる家庭を、保育園・幼稚園がどのように支援するのかについて、いろいろなケースがありますので、一般的に述べにくいのですが、ここまでの本書の趣旨に照らして配慮事項を簡単にふれておきたいと思います。

一つ目に、日々の生活において子どもの笑顔を生み出すことが保育園・幼稚園にもっともできる保護者支援だということです。困難をかかえる家庭の現状を知れば知るほど、その改善をしなければ子どもは発達しないと考えてしまうことがあります。ただ、厳しい家庭での生活を改善することは、保育者の力だけでは困難ですし、時間もかかるものです。その間も、子どもは日々生活しています。園に来ている時間において、子どもが安心して楽しい活動を行い、先生やなかまに大事にされた経験をたっぷりさせてあげる。そうして、少しでも子どもの笑顔を増やし、そのかわいらしさや愛しさを保護者に伝えて感じてもらうこと。そうした保育の営みが、子どもに共感的に心を向ける保護者支援になると思います。

二つ目に、関係する人たちの連携とチームプレイで保護者支援を進めることです。園内においては、担任任せにしないで、園長や主任など他の先生の役割を決めて、保護者の話を聞き、その思いや悩みは何なのかを園内で意見交換する場をもちたいと思います。また、園でかかえ込まないで、保健師、児童相談所職員、ケースワーカーなど専門機関の人たちと連絡を取り合い、必要に応じて検討会議を行っていくことも重要です。

保育園・幼稚園は、就学後に比べて、毎日保護者と顔を合わせる機会が多くあります。それだけ、日々の子どもの事実を保護者に伝え、子どものかわいらしさを共有していくチャンスがたくさんあるのは、最大に有利な場だと思います。他方で、毎日出会うことで、保護者から厳しい批判を受けたり、その家庭がかかえる深刻な問題を投げかけられたりすることも増えます。それらのメッセージを特定の人が一身に引き受けてしまうと、その方が精神的に疲れてしまいます。そこで、園内や外部の専門家に話すことで、問題を客観的にとらえて距離を取り直し、チームで対応していることを確認することが大変重要になります。

■児童虐待に関わって

子どもへの虐待の通報件数は増加しており、残念なことですが、児童虐待[6]は増える傾向にあるといえます。保護者による子どもへの虐待の原因や背景には、いろいろな要因が絡み合っていますが、子育ての困難が契機となっているのは確かですので、ここまで確認してきたように、保育を通した子育て支援を基本にすることは大原則です。

そのうえで、虐待の疑いがあれば児童相談所か福祉事務所に通報する義務が、保育園・幼稚園にはありますので、子どもの保護という点から「虐待の発見」は大切になります。そのために、原因不明のけがや傷跡、発育の悪さなど身体面での異変、子どもからの訴え、お風呂に長く入っていない、いつもお腹をすかせているなど日常的なケアのなさなど、虐待に結びつく事実を早期に把握して、園内で確認していくことは重要です。家庭内で起こっていることを園だけで把握するのは困難ですので、疑いがもたれた段階で、児童相談所などに通報して、関係機関が連携してそれぞれの専門性と権限を生かして情報を収集して、虐待の有無が判断されることになります。そして、虐待が認定された場合、子どもを

6　児童虐待は、身体的虐待、ネグレクト（育児責任の放棄）、性的虐待、心理的虐待の4つに分類されます。

一時保護して、その後の対応が話し合われていきます。その際、子どもに発達障害など、もともと育ちにくさの要因があったのかどうかも診断することが必要な事例もあります。

その後、家庭に戻り、以前と同様に保育園・幼稚園に通い始める場合もあります。関係機関の連携やケース会議は継続して行い、日常的な変化が見えやすい保育園・幼稚園からは日々の生活において気になることがあれば、必ず他機関の職員と共有して、保護者の状況理解を深めていきます。

日常の保育においては、3章で述べた「三つの自分」を感じられる生活づくりに留意したいと思います。その保育実践において、子どもとの関係づくりを他の先生と共同して進めたり、関わりの中で感じるしんどさを同僚に語る時間を増やしたりする配慮も忘れないようにしたいです。虐待を受けてきた子どものなかには、人と安定した信頼関係が円滑につくれず、保育者に密着的な関係を形成したかと思うと、突き放すような否定的な行動に出たりすることがあって、関係をつくろうとしているおとなが非常に困惑する場合が少なからずあります。保育者の熱意に反するような言動に冷静に対応するためにも、ここでも職員の集団的な対応が基本となります。

7. 就学に向けて

■就学に向けて継続的な支援の準備を

発達上「気になる子」や障害のある子どもの保護者にとって、就学はいろいろと悩むことが多く、一つの大きな関門となります。あそびと生活を中心にすえた保育から、学習が中心的な活動となる学校教育に移行し、通常の学級ですと一クラスの子どもの人数も増え、勉強のことや集団生活への適応のことなど心配は尽きないと思います。年長クラスの先生方も、保護者と同じように心配されることは多いのではないでしょうか。

そんなとき、「学校に行ってから困らないように…」と、机に向かって座る時間を増やしたり、自分の名前を書く練習をしたりといったことが始まることがあります。その子の苦手なことを克服する練習（特訓？）をすることで、就学の準備をしようという発想です。保育の基本は、子どもの毎日の生活を充実させていくことだと思いますが、「気になる子」においては、就学を意識すると、子どもを学校生活の型に合わせようとする色合いが強くなることがあります。もちろん、小学校との交流をしたり、小学校でのようすを知ったりして、小学校との接続を意図した活動は大切です。ただ、その内容は小学校への期待を子どもの心に育てるものでありたいです。「ちゃんと椅子に座っていられないと、小学校に行かれないよ」といった感じで、子どもにハードルを提示していく就学準備指導は、子ど

学校に行くの、たのしみ!

もにとってつらいものになります。

新しい場に行けば、子どもはほぼ必ず「困る」ことに出会い、そのことは保護者にとって「困った」行動となって表れることもあるでしょう。それらすべてをあらかじめ予知して防ぐことはむずかしいものです。ならば少し視点を変えて、就学後、困ったことが起こったときに、学校の先生が子どものねがいや悩みに添って支援しやすい条件づくりをすること、そして、保護者が安心して相談できる場づくりをすることに、エネルギーを向けたらと思います。子どもにスキルアップさせる就学準備ではなく、子ども理解を引き継ぎ、保護者を支えていく体制を構築する、おとな側の準備が就学前には求められているのではないでしょうか。

■再度、子どもの育ちを具体的に確認して

就学先の決定は、保護者と教育委員会の問題となりますので、保育園・幼稚園の立場は保護者を側方から応援する形となります。園としては、本書で再三見てきた子ども理解をていねいにふり返り、保護者自身がわが子の育ちに確信をもって、子どものことを学校教育関係者に語り、就学を前に心配な事項を少しでも前向きに考えていけるようにすることが、就学に向けた支援の基本ではないかと思います。

最近、多くの自治体で「就学支援ノート」（名称はいろいろです）が用意されてきています。保護者と保育者がいっしょに、それまでの子どもの姿をふり返り、支援のあり方を

整理し、あわせて学校への要望を書いて、保護者が就学先に提出するものです。このノートは、子どもの状態や保護者のねがいを就学先の学校に伝え、保護者が学校の先生とつながっていく準備となります。また、あらためて園の保育者と保護者とで、子どもの育ちを確かめ合う良い機会ともなります。書式は自治体によってさまざまですが、あることができるかできないか（支援が必要かどうか）というチェックで終わらず、たとえば「4歳児のときは、クラスの話し合いには参加していなかったが、5歳児になって、自分の好きなあそびの相談だと、他児の話を聞くことができるようになった」などと、支援の手がかりとなる事実も記していくと良いでしょう。その際、「気になる行動」が見られない場面に注目するなど、本書で述べてきた子ども理解を深める視点を再度、保護者と確認して、子どもの姿をふり返っていただければと思います。

そうしたノートがまだない地域においても、保護者と子どもの姿をふり返る面談の時間を確保して、子どもの育ち、具体的な支援内容とともに就学後に必要な支援に関するメモを用意して、就学時健診や就学相談などで保護者に活用していただくのもよいでしょう。いずれにしても、保護者とふり返りができるために、年長児の前半期の終わりには園として保育のまとめをして、これまでの育ちと今後の課題を確認しておく必要があります。

■就学先を実際に見てみる

就学先としては、通常学級、通常学級に在籍しながら通級指導教室も利用する、特別支援学級、特別支援学校といった教育形態がありますが、一つの基準で機械的に決定できるものではありません。秋頃、全就学予定児を対象に行われる就学時健診は就学先を考えるきっかけとなります。ただ、保護者によっては大きな不安を感じる場でもありますので、子どもの育ちと課題をいっしょに確認して応援したいと思います。また、自治体によってやり方は異なりますが、六月以降、教育委員会や教育センターが就学相談を行いますので、そうした情報を園としても把握して、その機会を活用するのも大切です。そうした場にコンタクトを取るのは保護者には慣れないことなので、園としてもそれらの行政機関とつながりをもって保護者を支えてあげたいと思います。

保護者の耳には、就学先のようすについて先輩保護者などを通じていろいろな情報が伝聞形で伝わり、それがまた不安を助長する要因になることもあります。また、同じ地域の学校であっても、年度によって子どもの集団サイズも異なれば、校長や担任の先生も人が変わっており、通常学級や特別支援学級の実践内容や雰囲気は先輩保護者の時代とは大きく変わっていることがあります。といったことからも、学校説明会の機会などを生かして、候補となる就学先を直接参観されることをお勧めしたいと思います。保育者の皆さんも、できることならば保護者といっしょに、あるいは別途、運動会などの行事などの機会にその学校・学級の雰囲気を直接確かめに行っていただければと思います。そのことで、保護者がその現場を見た印象や感想を聞きながら、子どもの持ち味が発揮できそうな集団はどこなのか、あるいは就学後にお願いしたい配慮などについて、いっしょに考えやすくなるはずです。

8．子どもの事実でつながる職員集団

■ヘルプを発信することから

保護者を孤立させないのと同じように、担任や担当の保育者を孤立させないことも、子どもの発達を支える実践の大前提です。さまざまな気になる行動を発信する子どもを前に、保育にむずかしさを感じているとき、園内で相談がしにくく、保育者自身が孤立感を感じている場合、他の保育者や管理職の目が気になって、できるだけ早く「問題」を収めようと子どもの内面をくぐらない保育になることがあります。担任の責任で、何とかトラブルを抑えようとか、早くクラスをまとめようとか思い、一人で焦れば焦るほど、子どもの気持ちと保育者の思いが離れていくことになりかねません。

そんなとき、実践の悩みを聞いてもらえる同僚の存在は大きいですし、職員室で「気になる子」を見守る体制を作るなど具体的な手立てをとることも、悩んでいる保育者が実践の焦点をもちやすくする支えになります。そのためにも、保育者自身が同僚や先輩に「話

を聴いて」「このとき、応援して」とヘルプを求める、ちょっとした勇気が必要な場面もあります。保育現場によっては、保育者の数が少なく、みんな忙しそうにしていると、ヘルプを求めることがはばかられるという方もおられるかもしれませんが、ご自身の悩んでいることを同僚に発信することから始めてみてください。

■アドバイスだけではなく、子どもの事実を語り合う

保育者が保育で悩んでいる子どもについて、休憩時間、ケース会議ないしは保育カンファレンス[7]において話し合うことは、よりいっそうその保育者を励ますことになります。そうした話し合いにおいて、それぞれの過去の経験に基づいたアドバイスがされることは多いと思います。「私が以前、自閉症の子どもをもったとき、こんなあそびをしたら楽しめたよ」「おもちゃを片づける場所をこんな風に整理すると片づけがスムーズになるって、研修で聞いてきてやってみたら、うまくいった」など、具体的な事例が紹介されていきます。こうしたアドバイスは参考になる部分もありますが、どうも対象となっている子どもにぴったりこない、あるいはそもそもその子のことがより深く見えてきたという思いが感じにくいということも多いようです。それも当然で、以前のAくんと、今話題になっているBくんは、発達の状況や個性はまったく異なり、また所属したクラス集団のようすも違い、過去の実践をそのまま当てはめるのには無理があるからです。

だからこそ、性急に対応策をアドバイスするのではなく、同じ現場で同じ子どもを見て

7　保育カンファレンスについては、次の文献も参照ください。
　黒澤祐介・服部敬子（２０１６）若手保育者が育つ保育カンファレンス　かもがわ出版.

いる保育者がいろいろな角度から、その子どもの事実を丹念にふり返っていく方が、気づかなかった事実を職員集団で再発見できて、その子の思いに即した実践が考えやすくなります。そういうこともあって、本書では子ども理解に関する1章から始めたわけです。

■保育の伝承も「子どもから学ぶ」ことで

園ごとに、話し合いを通して、実践を定期的にふり返り、大切にしたい視点や保育の方法論が継承されている園も多いでしょう。たとえば、「子どもが生活の主人公になる」ことを大切にして、そのために日課の組み立てを園独自に工夫したり、次の活動に移る際の声かけの仕方を配慮したりしている園もあるでしょう。きっと、どの保育園・幼稚園にも、その園ならではの、保育で大切にしたい点や方法論が有形無形にあるはずです。3章で述べた保育の視点は、私自身がいくつかの園の実践を通して学んだことを整理して定式化したものと言えます。

若い先生たちが自分の園の実践的財産を学んだり、書籍や研究会を通して、他園の保育の視点や方法論を知ることは大切です。しかしながら、どうしても大切な視点が単なるお題目で終わったり、もともと子どもの姿に裏づけられていた方法論が形だけ伝承されることもしばしば起こります。先にあげた「生活の主人公」を例にしますと、その実現のために、選択肢を用意して子どもが「〜ではなく…だ」と決定する力を発揮しやすくする関わり方を尊重している現場があるとしましょう。その本来の趣旨は、子どもが自ら選びたくなる生活づくりだったのが、その方法論が形骸化して受けとめられると、「手を洗うか、着替えをするか、どうする？」などと決めがたい選択を子どもに迫る関わりになってしまうこともあります。そんな場合、当然ながら、楽しい活動を期待できないでいる子どもはその働きかけに抵抗することになるでしょう。

「子どもの事実から学ぶ」というスタンスが真価を発揮するのは、こうした場面です。選択肢を与えることが大切だと学び、それをいろいろな場面で実践してきたけれども、同じ選択肢でも子どもが自分から決めたくなるものとそうではないものがある。そのことは端的に子どもの姿から学べますし、それが保育の視点や方法に込められた意図を自覚し直すチャンスとなります。そうしたことを一つひとつ保育者自身が実感をもって学ぶには、子どもの事実から出発するのが確実なのです。

保育の先輩たちが培ってきた保育の視点や方法論は、さまざまな悩みや苦労をくぐって導かれたものです。それを引き継ぐ人たちは、先輩たちの語りや文書、書籍からその内容を学びつつも、その本質は、子どもの笑顔に励まされ、子どもの気持ちが見えないことに悩み、あるいはその子がいつも「困った行動」をしているわけではない事実に気づきながら、実践者本人がつかみとっていくものだと思います。

■子どもを見る温かい眼差しを共有するとき

保育者の世代交代が進むなか、これまでの実践的財産を伝えることは喫緊《きっきん》の課題となっ

ています。急いで伝承しようとすると、どうしてもマニュアル的なものへの比重が高まります。他方、事実から学ぶスタンスは、一見、時間のかかるもののように見えますが、若い保育者自身が自分の実践から子ども理解を深めて、保育の力を獲得していく確実な道のりだと思います。園長や主任の管理職の皆さんやベテランの先生方には、子どもの事実を語り合う時間の確保、そして、事実を語るときの目のつけどころを示唆《しさ》するサポートなどをしていただければと思います[8]。

「気になる行動」が見られない場面を取り上げようとして、最初はなかなか発言がなかったのが、「そういえば…」と、「気になる行動」をしていないようすやかわいらしい姿が語り始められる瞬間があります。この場面の先生方の表情がすてきです。すぐに指導や支援のアイディアが出なくとも、話し合いが終わると、その子のことが愛おしくなったり、明日早くその子に出会いたいという思いが、職員集団にほんわかと残っている。そんな雰囲気のもとに、保育者同士が子どもへの温かい眼差しを共有してつながっていくことで、保育者の保育に向かうエネルギーは増すことでしょう。

保育者が変わるとき、子どもが変わる。おとなも子どももゆったりじっくり発達の道のりを歩んでいます。人間が発達する力に確信をもって、ともにその道のりを楽しみつつ進んでいきたいですね。

8　もう一つ、若い先生方をサポートするうえで留意したいのは、課題を整理してあげることかなと思います。「あれもがんばれ、これもがんばって」と、課題を羅列することは簡単です。きっと経験年数の多い方は若手の「至らないところ」はあれこれ目につくでしょう。そうではなく、今の時期は特にこのところに重点を置いて実践したら、あるいはこんなところに気をつけて子どもを見たらいいのではないかという、重点課題を絞ってあげるのは指導的な役割の方には求められると思います（わがゼミ生への指導を反省しつつ…）。

おわりに

本書では、行動や発達が「気になる子」のねがいや悩みをどのように理解して、どんな視点で保育や支援を考えたらよいのかを述べてきました。いずれも特別なことではないけれども、実践で悩んでいるときに、忘れがちな事柄を整理してきました。「気になる行動」が起こっていないときにスポットを当ててみることなど、この本を閉じて、すぐにでもできそうなことを多くあげてみました（「できそう」と思うのが、大切ですね）。

保育や子育てに悩みはつきものです。悩みをすぐに解消できる魔法のような方法は、残念ながらありません。でも、本書で述べてきた子ども理解の方法を思い出して、子どもの姿をふり返り、同僚とたくさん子どもの話をしてみてください。きっと、子どもを愛おしく感じ、明日の保育ではちょっとこんなあそびをしてみようかとワクワクする気持ちをもっていただけると思います。本書を読んでいる途中に、保育で悩んでいる子どもについて、まわりの人といっぱい話がしたいと思われたら、本書の目的は果たせたと言えます。

「気になる子」が変わるときは、もうじきです！

私は、この三十数年、保育現場や療育現場にお邪魔して、乳幼児期の発達研究を続けながら、細々と実践検討や事例検討に参加させてもらっています。そうした場では、発達心理学の立場からのコメントが期待され、特に若かりし頃は、専門的な解決法を提供しようと力んでいました。ただ、そうして私が語れば語るほど、保育者の皆さんが不安そうに黙って聞く側に回ってしまうことが多く、私もどんよりした心持ちで園をあとにすることが多くありました。最近ようやく、少しずつではありますが、私は交通整理に徹して、先生方にたくさんしゃべってもらい、皆さんの表情が明るくなる場面を確かめながら、子どもや実践を楽しく語るための試行錯誤を続けています。

子どもの発達には、子ども自身の喜びが伴い、そのようすを語るのは楽しいものです。しかしながら、今日、子どもをとらえる社会全体の視野がどんどん狭くなり、できることを増やしたり、「問題」を直したりして、早く成果を出すことが求められています。すると、つい子どものことを話す口調が厳しくなり、おとなの想定から外れる行動を「困った」こととして批判的に見てしまうことがあります。また、研究面においては、「正しい」行動を効率的に形成するのに役立つ研究が期待されることになります。その結果、子どもの発達をとらえるイメージが、どこか無味乾燥なものになっている気がしてなりません。

子どものしていることがおもしろい、子どもたちが育ちあう姿がすてき……。そんな思いを込めて、保育や教育の現場で語られていることを、発達研究の射程に入れていくことは、発達研究者としての私の課題です。そして、厳しい労働環境にあっても、子どもの姿や実践を楽しく語り合うことを通して、おとな同士が子どもの発達に共感する心を育んでいく道のりを、今後も実践現場の方々と探ってみたいと思います。

本書は、雑誌『ちいさいなかま』二〇一六年四月号から二〇一七年三月号に連載した「『気になる子』が変わるとき─困難をかかえる子どもの発達と保育」をもとに、大幅に加筆し修正したものです。連載中、編集部の利光睦美さんには、資料提供とともに、原稿にいち早く温かいコメントを寄せていただきました。誠にありがとうございました。

また、本文中にもふれていますが、本書の内容は、保育園・幼稚園や発達支援センターでの実践検討会、ならびに研究会における実践報告から、私自身が学んできたことがベースになっています。仕事が終わってからの自主的な研修にも呼んでいただくこともあり、先生方の熱い思いに、こちらが元気をいただくことも多々ありました。そうした場で出会った先生方に深く感謝いたします。

最後に、単行本化にあたり、かもがわ出版の鶴岡淑子さんにはお世話になりました。以前より出版のお誘いをいただきながら、長らくお待たせしました。また、田中せいこさんには、すてきなイラストを描いていただきました。お二人にお礼申し上げます。

それぞれの実践現場や家庭で、子どもの楽しい話がたっぷり語られることを心から願っています。

二〇一八年　春の気配を感じる頃

木下　孝司

木下孝司（きのした　たかし）**プロフィール**
1961年、鳥取市生まれ。京都大学教育学部、同大学院教育学研究科で学び、静岡大学教育学部助教授を経て、現在、神戸大学大学院人間発達環境学研究科教授（学部は発達科学部および国際人間科学部を担当）。博士（教育学）。
専門は発達心理学。乳幼児期のコミュニケーションと自他理解の発達を研究し、保育現場などにおいて障害のある子どもの事例・実践検討に参加している。
主な著書：『子どもの発達に共感するとき―保育・障害児教育に学ぶ』（全障研出版部)、『実践、楽しんでいますか？』（共著、クリエイツかもがわ)、『保育実践と発達研究が出会うとき』（共著、かもがわ出版)、『子どもの心的世界のゆらぎと発達』（共著、ミネルヴァ書房）など。

「気になる子」が変わるとき
――困難をかかえる子どもの発達と保育

2018年５月25日　第１刷発行
2022年７月31日　第２刷発行

著　者／ⓒ木下　孝司

発行者／竹村正治
発行所／株式会社　かもがわ出版
〒602-8119　京都市上京区堀川通出水西入
☎075(432)2868　FAX 075(432)2869
振替　01010-5-12436
印　刷／シナノ書籍印刷株式会社

ISBN978-4-7803-0960-7 C0037